Renovieren

Renovieren

Inhalt

Sauberer Untergrund

Jede Renovierung kostet Zeit und Geld. Rundum zufrieden mit dem Ergebnis Ihrer Arbeit werden Sie nur sein, wenn Sie zunächst den Untergrund sorgfältig vorbereiten und alle Schönheitsfehler beseitigen. Je trockener, sauberer, fester und ebenmäßiger die Flächen sind, die Sie streichen oder tapezieren wollen, desto mehr Freude haben Sie später an Ihren neuen Wänden, Decken, Böden und Türen.

Tapeten entfernen

Bevor eine neue Tapete geklebt wird, muss die alte entfernt werden. Daran führt kein Weg vorbei. Bei zuvor mit Wechselgrund bzw. Makulatur gestrichenen oder beklebten Wänden sowie trocken abziehbaren Tapeten ist das kein Problem. Sie lassen sich normalerweise ruckzuck abziehen. Unproblematisch sind auch trocken spaltbare Tapeten. Die auf der Wand haftende untere Schicht dient als Makulatur für die neue Tapete (1).

Zeitaufwendiger ist die Entfernung normaler Tapeten, und ausgesprochen mühsam wird es, wenn sie mehrfach überklebt oder überstrichen sind. Bevor Sie den Versuch machen, Stück für Stück mit dem Spachtel abzukratzen und dabei möglicherweise noch den Untergrund beschädigen, sollten Sie die Tapeten gründlich einweichen: Spülmittel oder speziellen Tapetenablöser (Mischung nach Herstellerangaben) ins Wasser geben und die Flüssigkeit mit Deckenbürste, Farbroller oder Schwamm satt aufstreichen oder mit einer Gartenspritze aufsprühen. Schon nach kurzer Einwirkzeit lassen sich die Bahnen abziehen. Hartnäckige Stellen eventuell nochmals anfeuchten (2).

Wasserfeste, waschbare und nicht saugfähige Tapeten sowie mit Dispersionsfarben gestrichene Raufaser müssen vorher mit grobem Schleifpapier, Spachtel, Nadelwalze oder einem Perforiergerät bearbeitet werden, damit die Flüssigkeit eindringen kann (3).

1
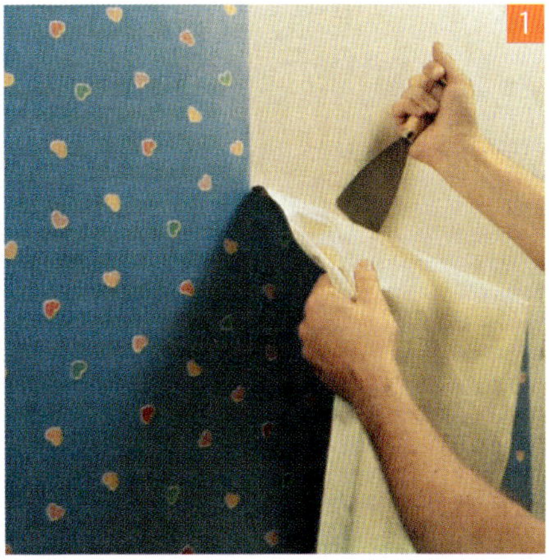

2

3

Hartnäckige Stellen nochmals anfeuchten (eventuell etwas mehr Tapetenablöser ins Wasser geben) und die Tapete dann mit dem Spachtel oder einem speziellen Tapetenentferner abziehen.

Alte Anstriche

Abblätternde alte Anstriche mit Leim- oder Kalkfarben werden mit dem Spachtel entfernt. Anschließend die Anstriche mit einer Deckenbürste gründlich abwaschen. Leimfarben lassen sich leichter entfernen, wenn Sie etwas Tapetenablöser ins Wasser geben. Anstriche mit wischfesten Dispersionsfarben werden zunächst mit Wasser unter Zusatz von Tapetenablöser eingeweicht. Nach dem Quellen lassen sie sich mit dem Spachtel entfernen.

TIPP

So stellen Sie fest, ob es sich um Leim- oder Kalkfarbe handelt: Ist Ihre Hand weiß, wenn Sie über die Wand streichen, handelt es sich um Kalkfarbe. Leimfarben erkennen Sie daran, dass aufgepinseltes Wasser schnell einzieht und einen dunklen Fleck hinterlässt.

Risse und Löcher

Schönheitsfehler wie Risse und Dübellöcher, die nach der Entfernung alter Tapeten zum Vorschein kommen, müssen beseitigt werden.

Feine Risse und kleine Dübellöcher sind schnell ausgebessert mit gebrauchsfertiger Spachtelmasse aus der Tube oder Dose, die eine glatte Oberfläche hinterlässt und nicht nachgespachtelt werden muss.

Größere Risse und Löcher beispielsweise an Fußleisten, Türrahmen und Rohren können Sie mit Füllspachtel ausbessern. Er wird mit Wasser angerührt und lässt sich eine Stunde lang verarbeiten. Vorher Putzstaub und lose Teile entfernen. Als Alternative gibt es auch gebrauchsfertigen Reparaturspachtel.

Wenn Sie verhindern wollen, dass Risse weiterarbeiten, hilft ein „Verband". Auf den Bildern 1–6 sieht man wie es gemacht wird.

Riss mit dem Spachtel säubern und abbürsten (1)

TIPP

Bei großen Löchern im Mauerwerk hilft folgender Trick: Zeitungspapier zusammendrehen, anfeuchten, in die Spachtelmasse tauchen und damit das Loch ausstopfen. Anschließend sauber zuspachteln.

Anschließend den Riss mit Füllspachtel ausfüllen (2)

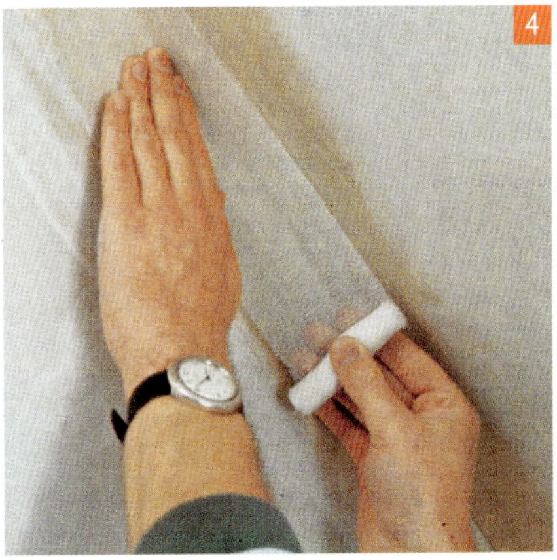

Nach dem Trocknen Spezialkleber für Wandbelege auftragen (3)

Den Riss und Umgebung mit einer breiten Mullbinde abdecken (4)

Auf den „Verband" nochmals mit dem Pinsel Kleber auftragen (5)

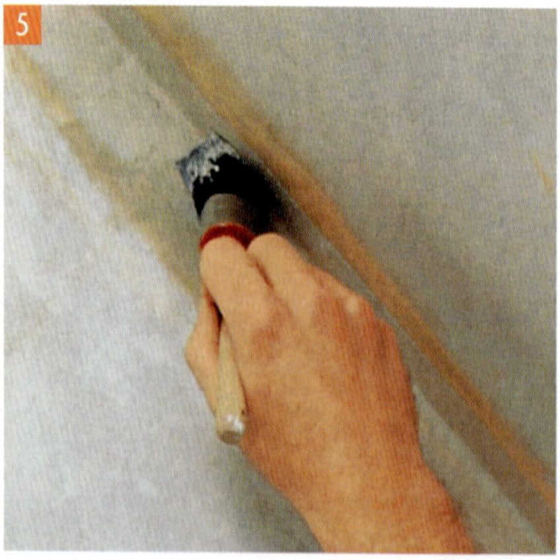

Zum Schluss den sanierten Riss gleichmäßig überspachteln, damit der „Verband" unsichtbar wird (6)

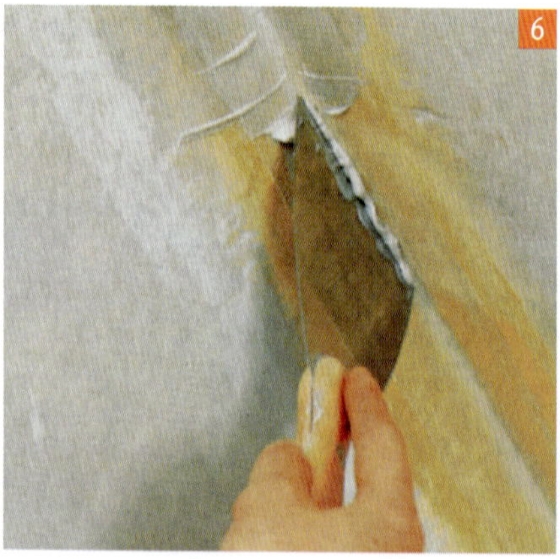

Raue Putzstellen lassen sich ebenfalls mit Füllspachtel glätten. Bei großflächigen Wänden und Decken verwenden Sie allerdings besser gips- und quarzmehlhaltigen Flächenspachtel. Er wird mit Wasser angerührt, lässt sich etwa 45 Minuten lang verarbeiten und ist nach ca. zwei Stunden ausgehärtet. Mit der Glättkelle gleichmäßig auftragen. Kleine Unebenheiten können Sie anschließend mit dem Schleifklotz (feines oder mittleres Schleifpapier) ausgleichen.

TIPP

Sollten Sie während des Tapezierens feststellen, dass Sie einen feinen Riss übersehen haben, können Sie ihn mit selbstklebendem Antirissband überbrücken.

Grundieren

Auf sandenden und kreidenden Flächen haften weder Tapeten noch Fliesen, da sie den Kleister buchstäblich aufsaugen. Wenn Sie mit der Hand über die Wand streichen und sandige Hände haben oder beim ruckartigen Abreißen eines Klebebandes Putz hängen bleibt, muss grundiert werden.

Auch bei gespachtelten Flächen, Gipszwischenwänden und Gipskartonplatten wird durch Streichen mit Tiefgrund die Saugfähigkeit herabgesetzt und damit die Haftfähigkeit erhöht. Die gebrauchsfertige Grundierung wird mit Pinsel, Bürste oder Spritzgerät auf Wand bzw. Boden aufgetragen. Nach ca. drei Stunden ist die Grundierung trocken. Die benutzten Geräte einfach mit Wasser reinigen.

Eine Sonderbehandlung brauchen Böden, da sie erfahrungsgemäß selten ganz eben sind. Und das ist speziell beim Verlegen von Fliesen wichtig. Einen schnellen Ausgleich der Oberfläche von Estrich-, Beton- und Holzböden erzielen Sie mit selbstverlaufender Fußboden-Spachtelmasse.

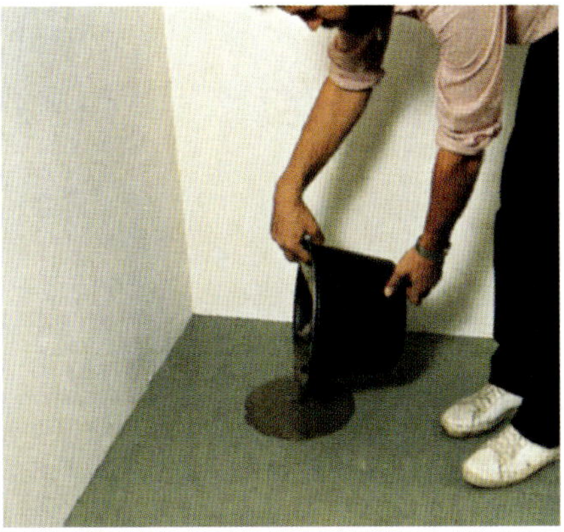

Das Pulver nach Herstellerangaben in einem Eimer gründlich mit Wasser verrühren. Nach drei bis fünf Minuten nochmals durchrühren und dann einfach (am besten in einer Ecke anfangen) auf den Boden gießen.

Die Masse anschließend mit der Glättkelle oder einem Gummiwischer verteilen. Je nach Spachtelmassentyp und Höhe des Ausgleichs (2 bis 10 mm) ist der Boden nach anderthalb bis drei Stunden begehbar. Nach 24 Stunden können Sie den Boden mit Fliesen, Teppichboden etc. belegen.

Unterboden aus Spanplatten

Alte Fußböden aus Holz müssen geebnet werden, bevor Sie Teppichboden, Kunststoffbeläge oder Fliesen verlegen. Der beste Untergrund ist ein Boden aus Spanplatten. Spanplatten gibt es im Bau- und Heimwerkermarkt in verschiedenen Ausführungen, Größen und Stärken. Für trockene Räume sind V 20-Platten geeignet, für feuchte Räume wie Küche und Bad V 100-Platten bzw. zusätzlich mit Pilzschutz ausgerüstete V 100 G-Platten. Achten Sie beim Kauf darauf, dass es sich um formaldehydfreie bzw. -arme Platten handelt.

Am einfachsten lassen sich Spanplatten im handlichen „Einmannformat" transportieren und verlegen. Nut- und Federprofile erleichtern die Arbeit. Wichtig ist, dass die Platten vor der Verlegung einige Tage in dem entsprechenden Raum lagern, damit sie sich akklimatisieren können.

Falls Sie auf dem Unterboden Fliesen verlegen oder einen Textil- bzw. Kunststoffbelag ganzflächig verkleben wollen, müssen die Spanplatten grundiert werden.

Verlegen Sie die Platten so, dass zwischen Fußboden und Wand jeweils ein Spalt von 10 bis 15 mm offen bleibt. So werden Schallübertragungen verhindert, die durch die direkte Verbindung zwischen Fußboden und Wand entstehen.

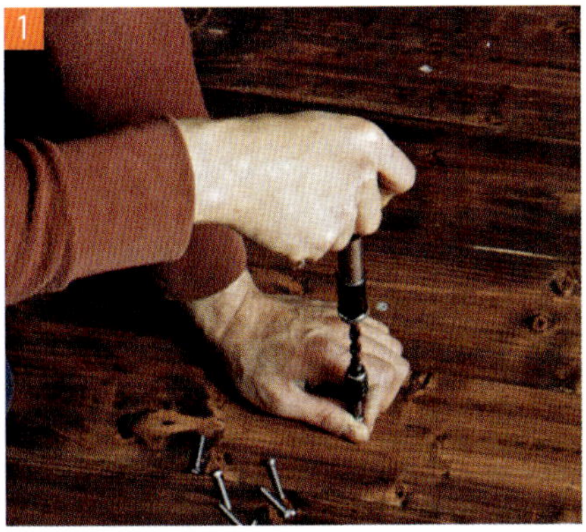

Entfernen Sie die Fußleisten, und überprüfen Sie zunächst den alten Holzboden. Lose Dielen sollten Sie nachschrauben (1)

Beginnen Sie mit der Verlegung in einer Raumecke. Halten Sie die Dehnungsfuge an der Wand ein (2)

Die Plattenstöße verleimen und fest aneinanderdrücken. Ausgetretenen Leim mit einem feuchten Tuch abwischen (3)

Die letzte Platte der ersten Reihe passend zuschneiden, und die nächste Reihe mit dem restlichen Stück beginnen, damit die Fugen versetzt sind (4)

ALTE BODENBELÄGE

Vorsicht bei der Entfernung alter PVC- und Linoleumböden! Sie haben möglicherweise noch eine Rückenbeschichtung aus Asbest, das als krebserregend gilt. Ein Indiz für asbesthaltige Böden: Sie bröckeln bei der Entfernung. Wenn die Oberfläche in Ordnung ist, im Zweifelsfalle lieber den neuen auf den alten Boden legen, um zusätzliche Gesundheitsgefährdungen zu vermeiden. Ist die Oberfläche beschädigt, sollten die Beläge auf jeden Fall ersetzt werden. Beauftragen Sie mit der Entfernung des Bodens einen Fachbetrieb!

Die Platten in einem Abstand von etwa 30 cm verschrauben. Eventuell vorhandene Fugen verspachteln (5)

Sauberer Untergrund

Badewannenrand abdichten: Fugenränder an Wanne und Wand mit glattem Klebeband sorgfältig abkleben (1)

Die Spritzdüse in Fugenbreite schräg abschneiden und Fugenmasse gleichmäßig in die Fuge spritzen (2)

Die ausgespritzte Fuge mit in klares Wasser (eventuell etwas Spülmittel zugeben) getauchtem Daumen oder Finger glätten. Klebeband sofort abziehen und notfalls nachglätten. (3)

Küchenspüle abdichten: Einfacher zu handhaben als die Handpistole ist eine Kartusche, die die Dichtungsmasse per Hebeldruck freigibt. Exakt am Spülenrand entlangführen (4)

Undichte Stellen

Irgendwo sind in jeder Wohnung und jedem Haus undichte Stellen vorhanden, weil verschiedene Materialien aneinanderstoßen wie rund um Tür und Fenster, Badewanne und Spültisch. Je nach Material und äußeren Einflüssen wie Kälte, Wärme und Feuchtigkeit gibt es unterschiedliche Dichtungsmassen in praktischen Kartuschen, die in eine Handpistole eingelegt werden oder eine spezielle Spritzautomatik haben. Neu sind Dichtungsmassen im Folienschlauch, die den Verpackungsmüll reduzieren. Der Schlauch wird in eine für verschiedene Dichtungsmassen verwendbare Kartusche gesteckt.

Wichtig ist ein sauberer, fettfreier und trockener Untergrund. Zum Abdichten von Fugen in Bad und Küche sind pilzhemmende Dichtungsmassen auf Silikonbasis am besten geeignet. Sie sind im Gegensatz zu Acryl-Fugendichtern meist nicht überstreichbar.

Auch zum Abdichten zugiger Fenster und Türen gibt es spezielle Dichtungsmassen aus der Kartusche. Eine andere Möglichkeit ist das Abdichten mit selbstklebenden Schaumstoffstreifen oder Profildichtungen aus Gummi.

Dichtungen für Fenster und Türen gibt es aus Schaumstoff und Gummi in verschiedenen Dicken und Spaltenbreiten. Hier ein Tipp, wie Sie die notwendige Spaltenbreite messen: Knetmasse in den Fensterrahmen legen und Fenster schließen. Wenn Sie danach das Fenster wieder öffnen und die Knetmasse abziehen, hat sie die Breite, die als Dichtung benötigt wird.

Vor der Montage den Untergrund gründlich reinigen. Er muss absolut sauber, fettfrei und trocken sein.

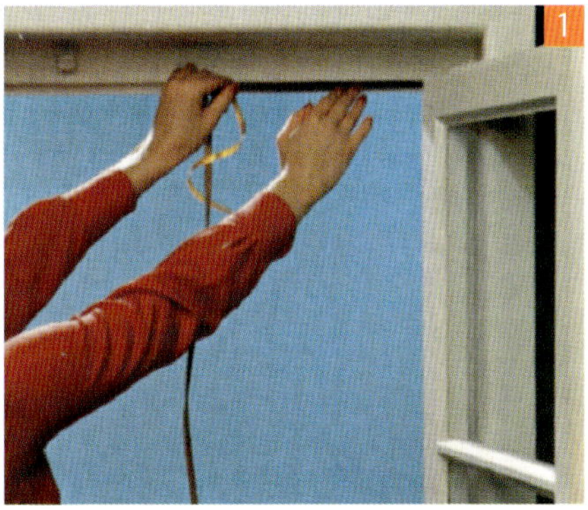

Die notwendige Länge messen und den Streifen mit der Schere entsprechend zuschneiden. Die Schutzfolie zentimeterweise abziehen und das Dichtungsband nach und nach fest in den Falz drücken (1)

Wenn Sie sich für Schaumstoff-Dichtungen entscheiden, sollten Sie bei der Wahl der Dicke berücksichtigen, dass sie beim Schließen des Fensters stärker zusammengedrückt werden als Profildichtungen. Kontrollieren Sie nach der Montage, ob die Dichtungen festsitzen und beim Schließen des Fensters nicht verrutschen (2)

Vor allem bei Türen, die ins Treppenhaus oder Freie führen, geht viel Heizenergie durch den unteren Spalt verloren. Durch ebenfalls selbstklebende spezielle Tür-Dichtungen mit Bürstenkante oder Gummilippe lässt sich die Zugluft stoppen (3)

Messen Sie vor dem Kauf den Spalt an verschiedenen Stellen aus, da es Tür-Dichtungen nicht nur in verschiedenen Farben und Höhen, sondern auch speziell für ebenen und unebenen Untergrund gibt. So lassen sich Spalten bis zu 15 mm Höhe abdichten. Für Hebe- und Schiebetüren sind Spezial-Dichtungen erhältlich (4)

Lack und Rost entfernen

Wenn die Farbe von Türen oder Möbeln unansehnlich geworden ist, abblättert oder Ihnen ganz einfach nicht mehr gefällt, gibt es nur eines – der Lack muss ab. Überlackieren hat nur Sinn, wenn die alte Farbe wirklich noch tragfähig ist. Ganz ohne Vorarbeit geht es allerdings auch beim Überlackieren nicht. Glatte und geschlossene Oberflächen müssen aufgeraut werden, damit der neue Lack hält. Das gilt für die Tür aus Holz ebenso wie für den Heizkörper.

Alter Lack

Muss der alte Lack entfernt werden, sollten Sie nicht gleich zu aggressiven Hilfsmitteln greifen. Verwenden Sie bei kleineren Flächen lieber Farbschaber, Schleifpapier oder Stahlwolle. Das ist gesünder und umweltfreundlicher.

Entweder mit Salmiakwasser abwaschen, anschließend mit klarem Wasser nachwischen und mit feinem Sandpapier anschleifen ...

... oder Anlaugmittel mit Pinsel oder Schwamm auftragen und dann ebenfalls mit klarem Wasser abwaschen. Flüssige Anlaugmittel werden mit Wasser verdünnt, Anlauger in Pulverform in Wasser aufgelöst. Beachten Sie immer die Angaben der Hersteller.

Nicht die bequemste, aber umweltfreundlichste Methode, alten Lack zu entfernen, ist das Arbeiten mit Farbschaber, Schleifpapier oder Stahlwolle.

Einfacher geht es mit einem Heißluftgerät. Damit lassen sich Farbanstriche staubfrei entfernen. Die durch das Gebläse erhitzte Farbe mit dem Spachtel abheben.

Abbeizfluids sind gebrauchsfertig. Sie werden mit Pinsel, weicher Bürste oder Lammfellrolle aufgetragen. Abwarten, bis die Farbe Blasen schlägt ...

... und dann mit dem Spachtel abheben. Bei mehreren Farbschichten kann ein zweiter Auftrag notwendig sein

Abbeizen

Eine andere Alternative ist das Abbeizen, das jedoch weder der Gesundheit noch der Umwelt besonders zuträglich ist. Das gilt für Abbeizfluids, die heute ohne Chlorkohlenwasserstoffe und Methylenchlorid angeboten werden, ebenso wie für Abbeizmittel in Pulverform. Daher möglichst im Freien oder zumindest bei geöffneten Fenstern arbeiten, Gummihandschuhe anziehen und die Herstellerangaben genau beachten. Die Einwirkzeit der Abbeizmittel hängt von der Temperatur und dem Anstrich ab.

Schneller und intensiver löst das mit Wasser zur Paste angerührte Abbeizpulver speziell Kunstharzlacke und Ölfarben. Es zieht bis zu zehn Farbschichten in einem Arbeitsgang ab. Nicht geeignet ist es für furniertes Holz, Dispersionsfarben, Nitro- und Acryllacke.

Die zur Paste angerührte Masse wird mit einem Kunststoffspachtel aufgetragen und besonders in Rillen und Vertiefungen gut angedrückt. Die Abbeizhaut darf nicht austrocknen. Bei dicken Farbschichten und Wärme eventuell mit einer Plastikfolie abdecken

Wenn sich die Haut bräunlich verfärbt, kann man sie mit dem Kunststoffspachtel streifenweise abziehen. Zunächst an einer Stelle testen. Achten Sie darauf, dass die weiche Holzoberfläche nicht beschädigt wird. Lack- und Abbeizreste aus Rillen und Verzierungen mit einer Bürste und viel Wasser entfernen. Mit Essigwasser nachwaschen

TIPP

Da Hölzer und Farben unterschiedlich reagieren, sollten Sie immer zunächst an einer verdeckten Stelle eine Abbeizprobe machen. So kann sich zum Beispiel gerbsäurehaltiges Holz wie Eiche dunkel verfärben.

In Rillen zurückgebliebene Reste von Farbe und Abbeizer können Sie mit einer groben Schnur ...

... oder mit schräg abgesägten Rundhölzern in verschiedenen Stärken entfernen

Lack und Rost entfernen

Zunächst mit dem Spachtel Rost und lose Anstriche gründlich entfernen. Dann mit der Drahtbürste und grobem Schleifpapier nacharbeiten

Rost entfernen

Wenn der Rost am Metall nagt, muss er schnellstens beseitigt werden. Sonst frisst er sich immer tiefer und Ihr ehemals schöner Gartenzaun ist nicht mehr zu retten. Die von Rost befallenen Stellen sollten bis auf das blanke Metall durchgeschliffen (Lederhandschuhe und Schutzbrille tragen!) und dann mit Rostschutzgrundierung gestrichen werden.

Einfacher und schneller geht das Entrosten mit einem Winkelschleifer oder einer Bohrmaschine mit Topfbürstenaufsatz. Kritische Stellen sorgfältig mit Schleifpapier nacharbeiten

Neue Tapeten

Auch die schönste und teuerste Tapete verliert irgendwann ihren Glanz – ganz abgesehen davon, dass sich auch der persönliche Geschmack ändert. Mit einer neuen Tapete können Sie die optische Wirkung Ihrer vier Wände verändern und sich eine völlig neue Umgebung gestalten. Das Tapezieren ist auch für ungeübte Heimwerker kein Problem, wenn sie gewisse Grundregeln beachten und Spaß am Selbermachen haben.

Optische Wirkung

Mit Tapeten können Sie auch die Proportionen eines Raumes verändern. So wirken dunkle und kleine Räume durch helle Wände und Decken freundlicher und größer, während sehr große Räume durch dunklere Tapeten an Intimität gewinnen. Vorsicht ist bei sehr großen Mustern geboten. Sie kommen nur auf großen Flächen zur Geltung. Für kleinere und verwinkelte Räume sind kleinere Muster günstiger. Weitere Beispiele für die optische Wirkung von Tapeten zeigen Ihnen die folgenden Zeichnungen.

Niedrige Räume wirken höher durch senkrecht gestreifte und sehr helle Tapeten. Immer bis oben zur Decke tapezieren. Günstig ist eine zur Decke gerichtete Beleuchtung (sogenannte Decken-Fluter)

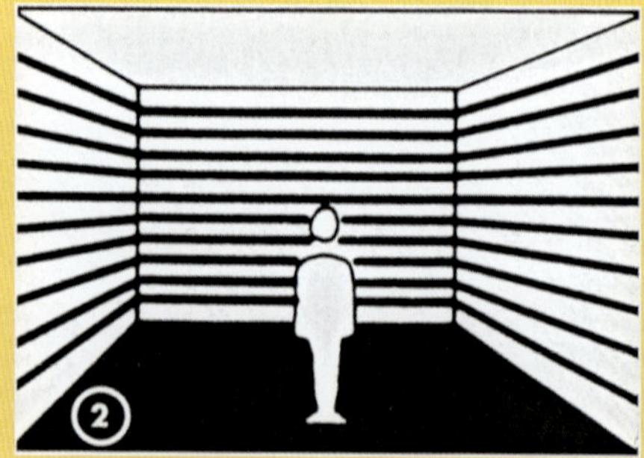

Hohe Räume wirken niedriger durch Tapeten mit waagerechten Streifen bzw. waagerecht ausgerichteten Mustern. Günstig sind Borten, auch Bordüren genannt. Die Decke eventuell dunkler tapezieren

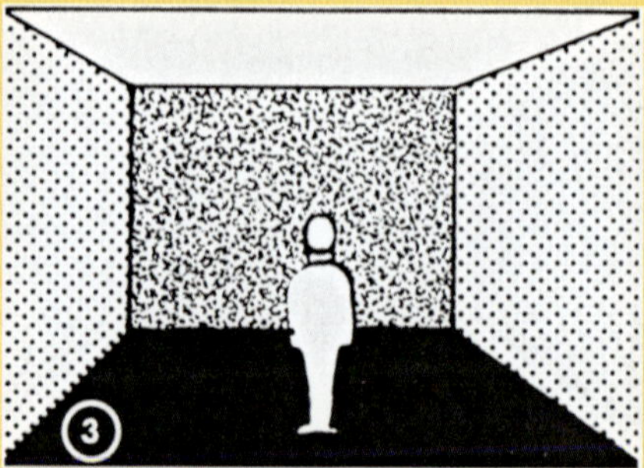

Ein Zimmer gewinnt an Tiefe, wenn man eine Wand in einem Farbton tapeziert, der optisch zurücktritt (z. B. ein mittleres Blau oder Blaugrün), während die seitlichen Wände hell tapeziert werden

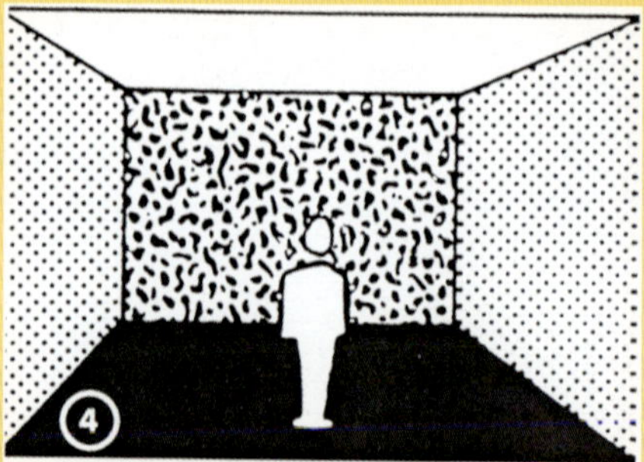

Ein kleiner Raum wirkt größer durch helle Tapeten und kleine Muster. Eventuell eine durchgehende Wand ohne Fenster und Türen mit großem Muster auf hellem Untergrund tapezieren

Makulatur von der Rolle

Der nächste Tapetenwechsel kommt bestimmt. Wenn Ihre neue Tapete weder trocken abziehbar noch trocken spaltbar ist und Sie die Wand nicht mit Wechselgrund vorbehandeln wollen, können Sie sich durch vorheriges Kleben von Rollenmakulatur später viel Arbeit ersparen. Empfehlenswert ist Rollenmakulatur grundsätzlich bei sehr dünnen und sehr hochwertigen Tapeten.

Die Rollenmakulatur wird wie die Tapete gestoßen geklebt. Achten Sie darauf, dass die Nähte der Unter- und Übertapete nicht übereinanderliegen. Die neue Tapete darf erst geklebt werden, wenn die Makulatur völlig trocken ist.

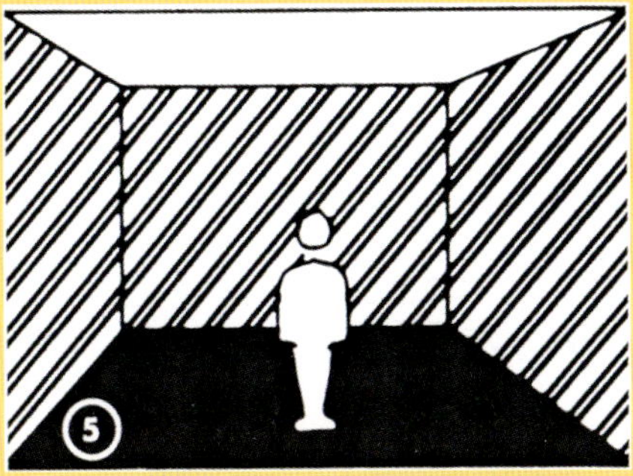

Sehr große Zimmer wirken kleiner durch kräftige Farben und große Muster. Günstig sind schräg ausgerichtete Dessins, da Diagonalen den Raum verengen

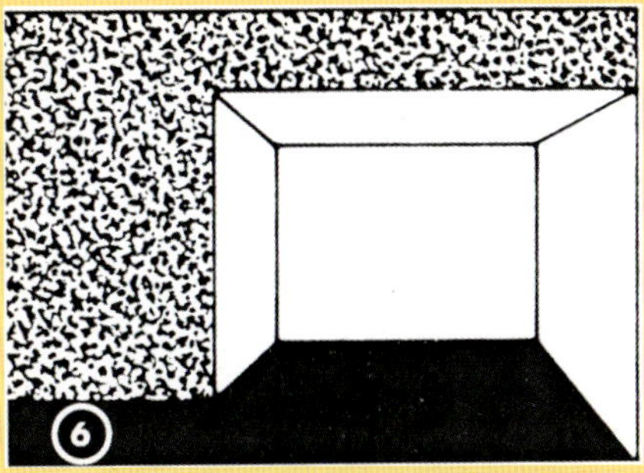

Ein Erker wirkt größer, wenn Wände und Decke insgesamt hell tapeziert werden und sich damit von dem angrenzendem Wohnraum abheben

Richtig kalkulieren

Nehmen Sie sich Zeit für den Tapetenkauf, und vergessen Sie nicht, die Höhe und Länge der Wände vorher auszumessen. Eine normale Tapetenrolle ist 0,53 m breit und 10,05 m lang (Spezialtapeten werden zum Teil in anderen Maßen angeboten!). Bei Raufaser haben Sie 33,5 m auf der Rolle. Wie viele Rollen Sie benötigen, können Sie in der Tabelle ablesen. Achten Sie bei jeder Rolle auf die jeweils aufgedruckte Seriennummer. Wenn sie übereinstimmt, haben Sie die Gewissheit, dass die Tapeten farblich absolut identisch sind. Kalkulieren Sie nicht zu knapp. Wenn Sie sich für Tapeten mit großem Muster entscheiden, sollten Sie auf jeden Fall eine Rolle mehr kaufen. Bewahren Sie Tapetenreste auf, damit Sie später eventuelle Schäden ausbessern können.

Wandhöhe in m	Länge der Wand in m	Anzahl der Tapetenrollen	Anzahl der Raufaser-Rollen
2,00	10	4	2
2,00	15	6	2
2,00	20	8	3
2,00	25	10	3
2,25	10	5	2
2,25	15	7	2
2,25	20	9	3
2,25	25	12	4
2,50	10	6	2
2,50	15	8	3
2,50	20	10	3
2,50	25	12	4
2,75	10	6	2
2,75	15	8	3
2,75	20	11	4
2,75	25	14	4
3,00	10	6	2
3,00	15	9	3
3,00	20	12	4
3,00	25	15	5
3,25	10	7	2
3,25	15	10	3
3,25	20	13	4
3,25	25	16	5

AUF SYMBOLE ACHTEN

In der Regel wird die Rückseite der Tapete eingekleistert. Es gibt aber auch Tapeten, die trocken auf der eingekleisterten Wand angesetzt und dann mit der Rolle angedrückt werden.

Eine andere Variante sind vorgekleisterte Wandbeläge, die vor dem Tapezieren eingeweicht werden. Daher unbedingt die Angaben des Herstellers auf der Tapetenrückseite oder dem Beipackzettel beachten!

Wasserbeständigkeit
Spongeability
Epongeabilité

1 wasserbeständig zum Zeitpunkt der Verarbeitung
spongeable at time of hanging
épongeable au moment de la pose

Waschbarkeit · Washability · Lavabilité

2 waschbeständig
washable
lavable

3 hoch waschbeständig
extra-washable
lessivable

4 scheuerbeständig
scrubbable
lessivable et brossable

5 hoch scheuerbeständig
extra-scrubbable
super lessivable et brossable

Farbbeständigkeit gegen Licht · Colour fastness to light · Solidité des coloris à la lumière

6 ausreichend
moderate
modéré

7 befriedigend
satisfactory
satisfaisant

8 gut
good
bon

9 sehr gut
very good
très bon

10 ausgezeichnet
excellent
excellent

Ansatz des Musters · Pattern matching · Raccord

11 ansatzfrei
free match
raccord libre

12 gerader Ansatz*
straight match*
raccord droit*

* (Rapport in cm einfügen, z. B. 50)

** (Rapport und Versatz in cm einfügen, z. B. 50/25)

13 versetzter Ansatz**
offset match**
raccord sauté**

14 gestürztes Kleben
reverse alternate lengths
lés inversés

Verarbeitung · Means of application
Méthode d'application de l'adhésif

15 Der Klebstoff ist auf die Wandbekleidung aufzutragen
Adhesive to be applied to the wallcovering
Adhésif appliqué sur le revêtement mural

16 Der Klebstoff ist auf den zu tapezierenden Untergrund aufzutragen
Adhesive to be applied to the support to be decorated
Adhésif appliqué sur le subjectile à décorer

17 Vorgekleisterte Wandbekleidung
Prepasted (Ready pasted)
Pré-encollé

Verfahren für das Entfernen · Method of removal
Symbole de dépose

18 restlos abziehbar
strippable
arrachable à sec

19 spaltbar
peelable
pelable

20 naß zu entfernen
wet removable
arrachable au mouillé

Verschiedenes
Miscellaneous
Divers

21 duplierte Prägewandbekleidung
duplex embossed
revêtement mural gaufré duplex

22 Überlappung und Doppelschnitt
overlap and double cut
lés superposés tranchés

23 Stoßfestigkeit
impact resistant
résistant à l'impact

Symbole und ihre Bedeutung

Die auf der Rückseite der Tapete oder auf einem Beipackzettel aufgedruckten Symbole geben Ihnen wichtige Hinweise über Qualität, Eigenschaften und Verarbeitung.

Hier einige zusätzliche Informationen über die Bedeutung der Symbole:

1 Frische Kleisterflecken können mit feuchtem Schwamm abgetupft werden
2 Leichte Verschmutzungen können feucht abgewischt werden
3 Verschmutzungen können mit leichter Seifenlauge entfernt werden
4–5 Verschmutzungen können auch mit mildem Scheuermittel und weicher Bürste abgewischt werden
6–10 Die unterschiedliche Farbbeständigkeit gegen Licht
11 Keine Muster beim Kleben zu beachten
12 Gleiche Muster in gleicher Höhe nebeneinander
13 Das Muster auf der nächsten Bahn jeweils um die Hälfte verschieben
14 Jede zweite Bahn auf den Kopf stellen
15 Die Tapete einkleistern
16 Nicht die Tapete, sondern den Untergrund einkleistern
17 Die Tapetenrückseite ist mit Kleister beschichtet, der durch kurzes Wässern aktiviert wird
18 Die Tapete lässt sich beim Renovieren ohne Rückstand von der Wand abziehen
19 Die Oberschicht der Tapete lässt sich trocken abziehen. Die Unterschicht bleibt als Makulatur auf der Wand
20 Die Tapete wird mit Wasser eingeweicht und mit einem Spachtel entfernt
21 Die Prägung bleibt beim Tapezieren erhalten
22 Im Bereich der Überlappung (ca. 5 bis 8 cm) werden beide Bahnen mit dem Gleitfußmesser senkrecht geschnitten
23 Besonders widerstandsfähige Spezialtapete mit hart-elastischer Oberfläche.

GÜTEZEICHEN

Das RAL-Gütezeichen für Tapeten ist nicht nur eine Qualitätsgarantie. Hersteller, die sich dieser Prüfung unterwerfen, verzichten auf giftige, schwermetallhaltige Pigmente in Druckfarben, auf den Einsatz von FCKW, auf Blei und Cadmium als Stabilisatoren, auf chlorierte und aromatenhaltige Lösemittel.

Gütezeichen RAL
TAPETEN

Tapetenarten

Auch Tapeten sind der Mode unterworfen, und Jahr für Jahr kommen neue Kollektionen auf den Markt, was die Wahl nicht gerade leichter macht. In erster Linie muss die Tapete Ihnen gefallen und mit Ihrer Einrichtung harmonieren.

Sie muss aber auch für den jeweiligen Raum geeignet sein, der tapeziert werden soll. Und da spielen Material und Herstellungsart eine wichtige Rolle.

Für das Kinderzimmer beispielsweise sollten Sie Tapeten mit fröhlichen Motiven wählen, die Sie getrost auch mal mit einem feuchten Tuch abwischen können.

Für Bad und Küche sind kunststoffbeschichtete Tapeten ideal, die auch Wasserdampf nicht übel nehmen.

Im Schlafzimmer sorgen harmonisch auf die Einrichtung abgestimmte Tapeten und dazu passende Gardinen für Entspannung und erholsamen Schlaf.

Auch in Ihrem Bad können Sie mit verschiedensten Tapeten schöne Akzente setzen. Die Tapeten sollten aber strapazierfähig sein

Hier ein Überblick über die verschiedenen Tapetenarten:

Raufaser
besteht aus mehrschichtigem Papier, in das speziell hergestellte Holzfasern eingearbeitet sind. Sie geben der Raufaser die entsprechende Struktur. Raufaser, die den „Blauen Umweltengel" trägt, muss mindestens 80 Prozent Recyclingpapier enthalten.

Papiertapeten
gibt es in verschiedenen Stärken. Sie sind auf der Vorderseite bedruckt und lassen mit ihrer Vielfalt an Mustern und Farben keine Wünsche offen. Fondtapeten sind zusätzlich mit einem durchgehenden, lichtbeständigen Farbauftrag versehen, der das Vergilben verhindert. Papiertapeten mit dem „Umweltengel" müssen einen Altpapieranteil von mindestens 60 Prozent haben.

Prägetapeten
gibt es in verschiedenen Ausführungen: Geprägt, bedruckt und mit einem Überzug versehen sowie unbedruckt mit unterschiedlich strukturierten Oberflächen, die anschließend mit Dispersionsfarbe gestrichen werden. Auch aus Recyclingpapier erhältlich.

Strukturtapeten
haben eine einheitlich strukturierte, ein- oder mehrfarbige Oberfläche, die durch eine auf glattem Papierträger oder Vlies aufgebrachte Strukturvinyl-Schicht erzeugt wird.

Textiltapeten
werden aus unterschiedlichen Textilmaterialien hergestellt, die auf unifarbenen oder bedruckten Papierbahnen kaschiert sind.

Kunststoff-Tapeten
sind mit wasserabweisenden Lacken bzw. Folien beschichtet. Da sie strapazierfähig und abwaschbar sind, eignen sie sich besonders für Nassräume wie Bad und Küche sowie stark beanspruchte Wände in Diele und Treppenhaus.

Metalltapeten
bestehen aus mit einer Papierbahn fest verbundenen Aluminiumfolien, die bedruckt, geätzt, oxidiert, geprägt oder handcoloriert werden. Ähnliche Glanz-Effekte werden auch durch den Aufdruck von Metallpigmenten erzeugt.

Velourstapeten
haben eine samtartige Oberfläche. Sie entsteht, indem Textilfasern auf schweres, kleberbeschichtetes Papier in einem elektrostatischen Verfahren aufgeflockt werden.

Naturwerkstoff-Tapeten
bestehen aus Naturmaterialien wie Gräsern, Kork, Blättern etc., die auf zum Teil eingefärbten Papierträgern kaschiert sind.

GLASFASERGEWEBE

Wandbeläge aus Glasfasergewebe, die es in verschiedenen Strukturen gibt, sind im klassischen Sinne keine Tapeten. Der Kleister wird nicht auf das Material aufgetragen, sondern auf den Untergrund. Glasfasergewebe ist absolut unempfindlich gegen alle äußeren Einflüsse und muss überstrichen werden. Problematisch wird es allerdings, wenn man diesen Wandbelag eines Tages entfernen muss oder will. Daher vorher möglichst Rollenmakulatur kleben.

Das richtige Werkzeug

Mit dem richtigen Werkzeug geht Ihnen das Tapezieren leichter und schneller von der Hand. Lohnend ist auf jeden Fall die Anschaffung eines zusammenklappbaren Tapeziertischs, der Ihnen auch ansonsten gute Dienste leistet (z. B. beim nächsten Trödelmarkt oder Kindergeburtstag). Wichtig ist auch eine standfeste Trittleiter. Für den Kleister brauchen Sie einen Plastikeimer und einen Quast. Zu den wichtigsten Werkzeugen gehören ein scharfes Tapeziermesser, eine scharfe, rostfreie Schere mit möglichst langer Schneide und ein Universalmesser (Cutter) mit scharfen Klingen. Außerdem brauchen Sie Zollstock, Tapezierbürste, Bleistift, Nahtroller, Tapezierschiene, Kunststoff-Andrückspachtel, Lot und Gummiwalze.

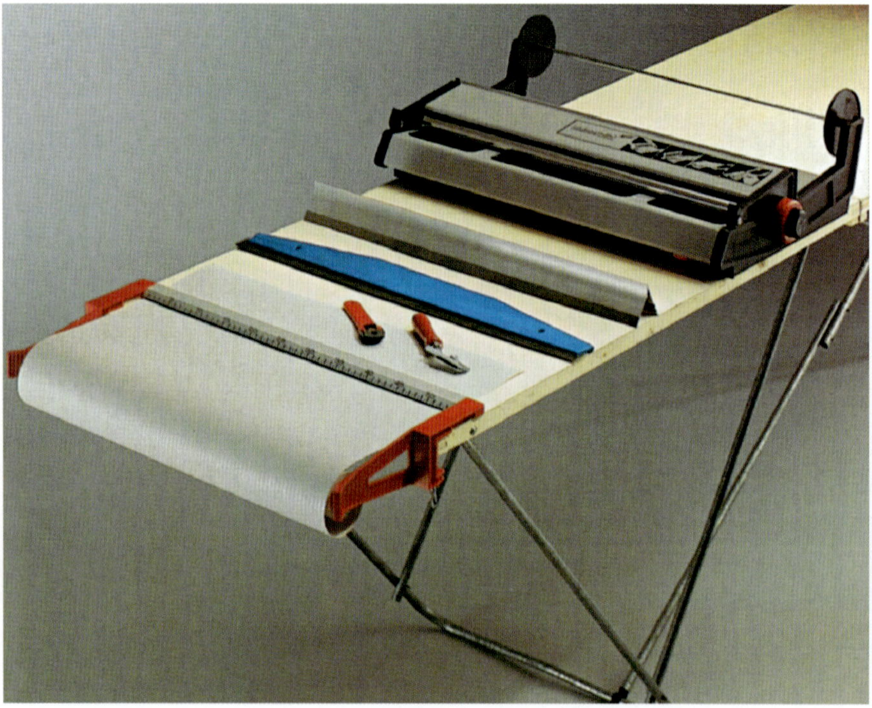

Praktisch, wenn Sie häufiger tapezieren, aber nicht unbedingt erforderlich: Tapetenzuschneider mit Rollenhalter, Spezialtapetenschneider, Schneidlineal, Kanten-Schneidemaschine und Kleistergerät

Tapetenkleister

Qualität, Material und Druckverfahren sind nicht nur für den Preis der Tapete entscheidend, sondern auch für den Kleister. Und der ist das A und O beim Tapezieren. Wenn Sie sichergehen wollen, dass die neue Tapete auch am nächsten Tag noch klebt und nicht alle Mühe für die Katz war, sollten Sie direkt den für die ausgewählte Tapete geeigneten Kleister bzw. Kleber kaufen. Halten Sie sich an die Empfehlungen des Tapetenherstellers, die Sie auf dem Beipackzettel in der Rolle finden.

Am ergiebigsten ist normaler Tapetenkleister, der aus Methylzellulose besteht und für Papiertapeten verwendet wird. Er ist kalkbeständig, geruchlos und neutral. Je schwerer und saugfähiger die Tapete ist, desto dicker muss der Kleister angesetzt werden. Zu stark durchfeuchtete Tapeten kleben schlechter und reißen schneller.

Spezialkleister enthält zusätzlich Kunstharz-Dispersionspulver, das die Klebkraft erhöht, und fungizide Zusätze, die Schimmelbefall (besonders wichtig bei Vinyltapeten) verhindern. Mit Spezialkleister werden schwere Tapeten, Raufaser, Relief- und Prägetapeten geklebt.

Für dickere Gewebe- und Metalltapeten sowie Rupfen- und Jutegewebe etc. sind Dispersionskleber notwendig, die auf weichmacherfreien Kunstharzdispersionen basieren. Bei einigen Tapetenarten wird ein Zusatz von Dispersionskleber zum Spezialkleister empfohlen. Darüber hinaus gibt es spezielle Kleister bzw. Kleber für Textiltapeten, Borten, Kork und Tapeziergeräte.

Zum Ansetzen sollten Sie grundsätzlich nur klares, kaltes Wasser und saubere, nicht rostende Gefäße (z. B. Plastikeimer) verwenden. Rühren Sie den Kleister zügig und gründlich ein. 20 bis 30 Minuten ziehen lassen und dann nochmals kräftig durchschlagen. Es gibt auch normalen und Spezialkleister, die bereits nach drei Minuten gebrauchsfertig sind.

Kleister lieber etwas zu dick als zu dünn anrühren. Sie können ihn notfalls später noch mit Wasser verdünnen. Grundsätzlich gilt: Je schwerer die Tapete und je größer ihre Saugfähigkeit ist, desto dicker muss der Kleister angesetzt werden. Besser dick angerührten Kleister dünn auftragen als umgekehrt.

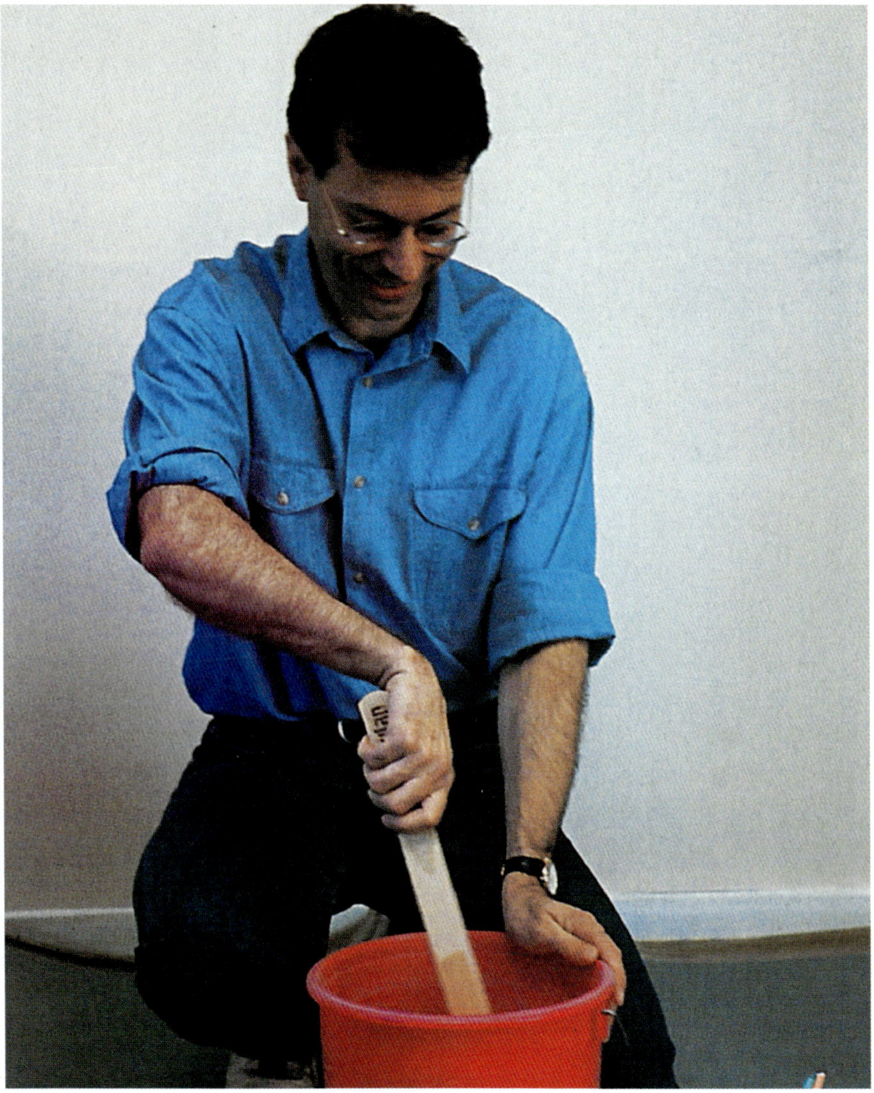

So wichtig wie die Wahl des richtigen Kleisters ist das richtige Ansatzverhältnis. Es hängt von der Art, Stärke und Saugfähigkeit der Tapete ab. Beachten Sie auf jeden Fall die Hinweise auf der Kleisterpackung

Messen, schneiden und kleistern

Bevor Sie mit dem Tapezieren beginnen, die Sicherung herausdrehen und alle Abdeckungen von Lichtschaltern und Steckdosen entfernen. Sie werden übertapeziert. Messen Sie nun die Höhe der Wände möglichst an mehreren Stellen aus, da sie möglicherweise unterschiedlich ist. Geben Sie für den Verschnitt 8 bis 10 cm hinzu.

Während der Tapetenkleister quillt, können Sie bereits mit dem Zuschneiden beginnen. Zeichnen Sie auf der Wand die Bahnenbreite rundum an, damit Sie wissen, wie viele Bahnen Sie benötigen. Problemlos ist das Zuschneiden bei Raufaser und ansatzfreien Tapeten.

Komplizierter wird es bei Tapeten mit geradem oder versetztem Ansatz (siehe Symbole). Bei geradem Ansatz sind alle Bahnen gleich lang, da Muster neben Muster liegt. Bei versetztem Ansatz liegt das Muster jeweils in der Mitte von zwei Mustern der vorherigen Bahn. Das bedeutet, dass jede zweite Bahn um die Hälfte des Rapports versetzt zugeschnitten werden muss. So stimmen Bahn 1, 3, 5 sowie Bahn 2, 4, 6 usw. überein. Diesen Versatz müssen Sie auch bei Teilstücken an Fenstern und Türen berücksichtigen.

Wenn die Laufrichtung des Musters auf der Rückseite der Tapete gekennzeichnet ist, muss der Pfeil immer in Richtung Decke zeigen. Bei zwei Pfeilen in entgegengesetzter Richtung (siehe Symbole) wird jede zweite Bahn auf den Kopf gestellt.

1 Rollen Sie die Tapete auf dem Tapeziertisch mit der Rückseite nach oben aus, und markieren Sie die Länge der Bahn. Mit einer großen Tapezierschere, einem Schneidlineal oder einem speziellen Tapetenzuschneider abschneiden bzw. an der Trennlinie knicken und mit einem Tapeziermesser (Haumesser) trennen. Um sich ständiges Messen zu ersparen, benutzen Sie die bereits zugeschnittene Bahn als Grundlage für die weiteren Bahnen, die Sie bei Versatzmustern vorsichtshalber auf der Rückseite durchnummerieren sollten.

2 Legen Sie nun die Bahnen mit der Rückseite nach oben so auf den Tapeziertisch, dass die Oberkanten links liegen und die Bahnen mit der Hinterkante des Tischs abschließen. Dann die oberste Bahn bis an die Vorderkante ziehen und von der Mitte zu den Kanten gleichmäßig mit der Bürste einkleistern. Achten Sie darauf, dass kein Kleister auf die Vorderseite der Tapete gelangt. Das hinterlässt Flecken.

Kleister auf den übrigen Bahnen oder dem Tisch immer sofort mit feuchtem Tuch abwischen.

3 Wenn Sie ein Tapeziergerät benutzen, unbedingt den Kleister nach Herstellerangabe ansetzen, einfüllen und den Kleisterauftrag je nach Tapetenstärke regulieren. Mit so einem Gerät lassen sich auch lange Bahnen schnell einkleistern.

4 Nun wird die eingekleisterte Bahn zusammengelegt: Am unteren Rand 2 bis 3 cm umschlagen und dann das untere Drittel Kleisterschicht auf Kleisterschicht umklappen. Am oberen Rand ebenfalls 2 bis 3 cm umklappen und die Bahn so weit umschlagen, dass der schmale Rand nicht mit Kleister in Berührung kommt. So vermeiden Sie Kleisterflecken an der Decke. Der schmale obere und untere Umschlag ist bei Raufaser nicht notwendig. Beim Umschlagen immer darauf achten, dass die Längskanten genau aufeinanderliegen, damit die Ränder nicht austrocknen. Je nach Länge der Bahn noch einmal oder auch mehrfach zusammenlegen und weichen lassen.

Die Weichzeit hängt von der Stärke und Saugfähigkeit der Tapete ab (Herstellerangaben beachten). Bei dünnen Tapeten sind oft schon fünf Minuten ausreichend, während schwere Tapeten und Raufaser 10 bis 15 Minuten weichen müssen. Kleistern Sie nie zu viele Bahnen auf einmal ein, bei dünnen Tapeten nur eine vorkleistern. Wenn die Weichzeit überschritten wird, können später die Nähte aufplatzen. Bei zu kurzer Weichzeit können sich auf der Tapetenoberfläche Blasen bilden.

TIPP

Spannen Sie in der Mitte des Eimers eine dicke Schnur, an der Sie die Kleisterbürste abstreifen können. So verhindern Sie, dass die ganze Umgebung mit eingekleistert wird.

„Mit dem Licht" tapezieren

Tapeziert wird grundsätzlich „mit dem Licht". Das bedeutet, dass man am Fenster beginnt. Markieren Sie auf der Wand mit Lot und Bleistift im Abstand der Tapetenbreite abzüglich 2 cm eine senkrechte Linie, bevor Sie mit dem Tapezieren beginnen. An dieser Markierungslinie wird die erste Bahn geklebt.

Die eingekleisterte Tapetenbahn oben an beiden Seiten anfassen und an der Markierungslinie ansetzen. Dabei den oberen umgeknickten Rand überstehen lassen. Die Bahn vorsichtig nach unten entfalten und darauf achten, dass der Rand mit der Markierungslinie übereinstimmt. Wenn keine Korrekturen notwendig sind, die Bahn in der Mitte von oben nach unten und dann seitlich zu den Kanten mit der Tapezierbürste vorsichtig andrücken (1), bei Prägetapeten nur ein sauberes Tuch oder eine Lammfellrolle benutzen.

Die an der Fensterseite überstehenden 2 cm an Fenstersturz und Fensterbank waagerecht einschneiden und um die Kante herumkleben (2).

Am Deckenrand und an der Fußleiste die Tapete mit dem Scherenrücken andrücken (3), etwas von der Wand abziehen, den überstehenden Rand genau im Knick abschneiden und wieder andrücken (4).

Sie können ihn auch an der scharfen Kante eines Tapezierlineals abreißen (5) bzw. mit dem Cutter abschneiden (6).

Die nächsten Bahnen werden Stoß auf Stoß geklebt. Wichtig ist, dass die Kanten von oben bis unten immer sauber aneinanderstoßen. Die Nähte bei glatten Tapeten dann vorsichtig mit dem konischen Nahtroller andrücken, bei geprägten Tapeten nur mit einem sauberen Tuch. Eventuell austretenden Kleister sofort entfernen.

4

5

6

Ecken und Kanten

Solange nur gerade Bahnen in voller Breite zu kleben sind, ist das Tapezieren kein Problem. Doch leider hat jedes Zimmer nicht nur Ecken und Kanten, sondern oft auch schiefe Wände. Und da wird es schon ein bisschen kniffliger. Mit einigen Tricks lassen sich aber auch diese Probleme meistern.

Grundsätzlich werden Tapeten nie in voller Breite um Ecken und Kanten geklebt, da beim Trocknen Spannungen auftreten. Um Risse zu vermeiden, die erforderliche Breite ausmessen, 2 cm (bei Raufaser 5 cm) hinzugeben und die Bahn entsprechend zuschneiden.

Raufaser um die Ecke kleben und dann den überstehenden Streifen genau in der Ecke zum Beispiel an einem Spachtel oder einem Tapezierlineal abreißen. Bei Außenkanten trennen Sie die Bahn an der Kante mit dem Cuttermesser ab. Die anschließende Bahn wiederum ca. 5 cm um die Ecke kleben und ebenso verfahren (1).

Bei allen übrigen Tapeten vor dem Kleben vorsichtshalber links und rechts von der Ecke wieder mithilfe des Lots oder der Wasserwaage jeweils eine senkrechte Linie markieren, da die Wände in der Ecke selten gerade sind (2).

Die Tapete entlang der Markierungslinie kleben und mit der Tapezierbürste oder Rolle sorgfältig andrücken (3).

Die Ecke und den Überstand auf der angrenzenden Wand vorsichtshalber nochmals mit dem Nahtroller andrücken. Eventuelle Falten am Überstand einschneiden und festkleben (4).

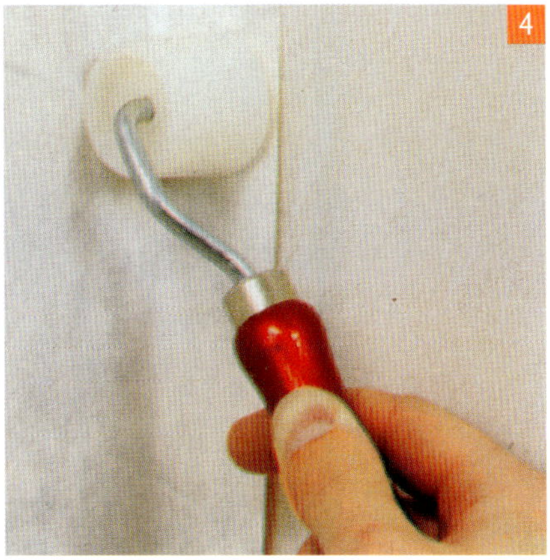

Den zuvor abgeschnittenen Rest der Bahn von der Lotlinie aus so an die Eckbahn ansetzen, dass sich beide überlappen. Bei gemusterten Tapeten auf den Rapport achten (5)!

Vor allem bei ansatzfreien, schweren Spezialbelägen sind Überlappung und Doppelschnitt notwendig (siehe Symbole): In der Mitte der Überlappung an einer scharfen Metallschiene entlang beide Bahnen durchtrennen. Den oberen Streifen vorsichtig abziehen, Schnitt aufklappen und den unteren Streifen entfernen (6).

Die Tapete wiederum gut andrücken. Je sorgfältiger Sie die Bahn zugeschnitten und den Doppelschnitt durchgeführt haben, desto unsichtbarer ist die Naht.

Rund um den Türrahmen

Wenn bei der nächsten Bahn eine Tür im Weg ist, wird sie zunächst einfach ignoriert. Die Bahn in voller Breite kleben, auch wenn sie die Tür überlappt. Ist der Abstand zur Tür allerdings sehr schmal, sollten Sie besser eine Bahn so teilen, dass sie nur einige Zentimeter über den Türrahmen hinausgeht (1).

Oberhalb des Türrahmens mit dem Scherenrücken wie an Deckenrand und Fußleiste die Schnittlinie markieren und den Überstand abschneiden (2).

Die seitlich des Rahmens überstehende Tapete mithilfe eines Spachtels, der ganz eng an der Zarge entlanggeführt wird, vorsichtig abreißen (3).

Fensternischen

Die letzte Bahn am Fenster wird – wie unter Ecken und Kanten beschrieben – in der entsprechenden Breite plus 2 cm zugeschnitten. Den Überstand an Fenstersturz und Fensterbank waagerecht einschneiden und die Bahn um die Kante kleben.

1

Anschließend die Höhe und Breite über dem Fenster ausmessen und ebenfalls passende Bahnen zuschneiden, die dann um die Kante herumgeklebt werden (1).

Nun die Höhe und Tiefe der seitlichen Fensternische ausmessen und einen passenden Tapetenstreifen auf Stoß kleben. Wiederum auf das Muster achten (2).

TIPP

Eventuell beim Messen direkt die Tiefe der darunterliegenden Nische berücksichtigen. Wenn sie nicht zu tief ist, können Sie die Tapete in einem Stück kleben und ersparen sich das Kleben des sonst notwendigen Passstreifens.

2

Heizkörper

Wenn Sie auch hinter dem Heizkörper tapezieren wollen, kleben Sie die Bahn zunächst bis zu den Halterungen des Heizkörpers. Die Tapete dann von unten bis zu dieser Höhe in etwa 10 cm breite Streifen schneiden und hinter dem Heizkörper nach unten führen. Einfacher ist es, wenn Sie von allen Seiten nur ca. 10 bis 20 cm unter den Heizkörper tapezieren.

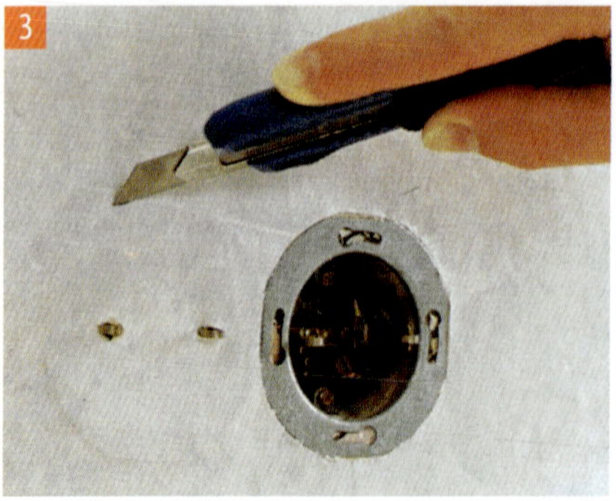

Schalter und Steckdosen

Die Sicherung herausdrehen bzw. abschalten, die Abdeckungen abschrauben und dann Schalter und Steckdosen einfach übertapezieren (1).

Anschließend mit der Tapezierbürste rundum kräftig andrücken, damit sich die Konturen von Schalter und Steckdose gut abzeichnen (2). Mit dem Cutter ausschneiden und Abdeckung wieder anbringen (3).

VORSICHT!

Bei Metall- und Folientapeten die Abdeckungen von Steckdosen und Schaltern nicht entfernen, sondern grundsätzlich nur übertapezieren!

Die Konturen markieren und die Fläche dann bis auf einen schmalen Rand von der Mitte heraus ausschneiden. Die Abdeckung etwas lösen und die Tapete von allen Seiten vorsichtig darunterschieben. Strom erst wieder anschalten, wenn die Tapete hundertprozentig trocken ist!

Decke tapezieren

Gefürchtet von vielen Heimwerkern ist das Tapezieren der 5. Wand, sprich Decke. Am besten geht's zu zweit. Zunächst die Länge (einige Zentimeter hinzugeben) und Zahl der benötigten Bahnen ausmessen. Den Kleister etwas dicker anrühren und dünner einstreichen als für die Wand. Nach dem Einkleistern die Bahn wie eine Ziehharmonika zusammenlegen.

Tapeziert wird vom Fenster in den Raum. Damit die erste Bahn wirklich parallel zur Wand verläuft, am Anfang und Ende der Decke die Bahnbreite abzüglich 2 cm markieren. Die genaue Ansatzlinie über die gesamte Länge erhalten Sie, indem Sie zwischen diesen Punkten (Nägel einschlagen) eine in Farbe oder Papierasche getauchte Schnur spannen, sie in der Mitte kurz senkrecht nach unten ziehen und zurückschnellen lassen. Kontrollieren Sie, ob der „Schnurschlag" auf der gesamten Länge der Decke seine Spuren hinterlassen hat. Ansonsten wiederholen. Während einer nun die erste Bahn vom Fenster aus entlang dieser Markierungslinie ansetzt, hält der andere die Ziehharmonika mit dem Besen hoch. Nach und nach vorsichtig entfalten.

Blasen und Falten

Wenn Blasen nach dem Trocknen der Tapete nicht verschwunden sind, haben Sie die Tapete nicht lange genug weichen lassen. Der Schaden lässt sich beheben, indem Sie die Blase mit einer Rasierklinge anritzen und mit einem feinen Pinsel nochmals etwas Kleister auf die Rückseite streichen. Oder Sie verpassen der Blase mit einer Einwegspritze, die Sie mit verdünntem Kleister füllen, eine Injektion. Etwas weichen lassen und dann gut andrücken.

Falten bei Papiertapeten einreißen, bei Spezialtapeten einschneiden, etwas Kleister auftragen und glatt streichen.

Messen Sie die vorspringende Ecke aus und schneiden Sie einen entsprechenden Streifen zu (1)

Akzente setzen mit Borten

Borten, auch Bordüren genannt, sind wieder groß in Mode. Sie holen nicht nur „die Decke herunter" und machen damit sehr hohe Räume gemütlicher, sondern sind auch ein dekorativer Abschluss bei schlichten Tapeten. Oft werden Borten passend zur Tapete angeboten. Man kann sie aber auch beispielsweise aus einer farblich passenden Streifentapete selbst herausschneiden. Auch in Kinderzimmern sind Borten ein hübscher Blickfang. In unserem Beispiel passen sie zur Herzchen-Tapete ebenso wie zur Bärchen-Tapete.

Beim Zuschneiden überlegen, wie das Motiv am besten zur Geltung kommt (2)

Die Borte mit Nadeln oder Klebeband auf dem Tisch fixieren, mit einer Lammfellrolle Spezialkleber auf die Rückseite auftragen und die Borte kurz weichen lassen (3)

Den Streifen kleben, eventuell korrigieren und dann mit der Tapezierbürste andrücken (4)

Vor dem Zuschneiden des nächsten Streifens die benötigte Länge messen und auf einen nahtlosen Ansatz zum vorherigen Motiv achten (5)

Die Borte einkleistern, wie eine Ziehharmonika falten und weichen lassen. Nach dem Kleben mit der Tapezierbürste gut andrücken (6)

Bei sehr langen Borten vorher die untere Ansatzlinie an der Wand mit der Wasserwaage anzeichnen und eventuell mit Pinnwandnadeln markieren (7)

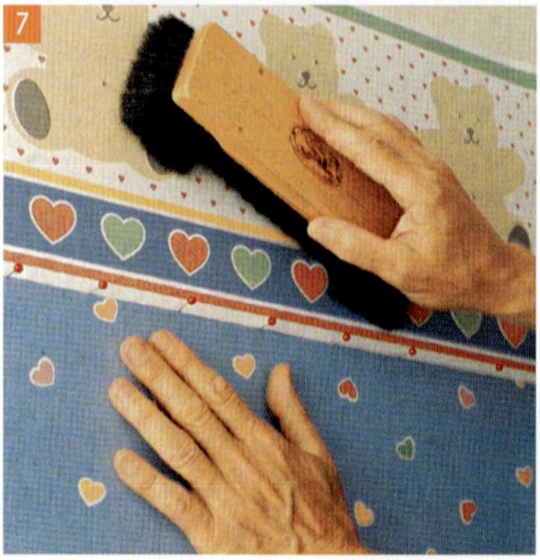

Die geweichte Ziehharmonika an der Markierung ansetzen, Pinnwandnadeln entfernen und die Borte nochmals mit der Tapezierbürste andrücken (8)

AUFGEPLATZTE NÄHTE

Wenn die Nähte der Tapete aufplatzen, haben Sie entweder die Weichzeit der Tapete überschritten, den Kleister zu dünn angesetzt oder der Raum war zu warm bzw. zugig. Dieses Problem tritt besonders häufig bei Vinyl- und Relieftapeten auf. Doch keine Angst! Mit Naht bzw. Reparaturkleber aus der Tube lässt sich der Schaden schnell beheben.

Dekorativer Putz

Nicht nur in Fachwerkhäusern mit dunklen Balken, sondern auch in rustikal eingerichteten Wohnungen sind dekorativ verputze Wände eine beliebte Alternative zur Tapete. Eine schnelle Methode, die viele individuelle Variationen ermöglicht, ist das Verputzen mit spezieller, gebrauchsfertiger Dekormasse. Damit können Sie Ihre Wände ganz nach Wunsch strukturieren und Ihrer Fantasie freien Lauf lassen.

Die fix und fertig in Eimern angebotene Dekormasse haftet auf allen festen, sauberen und trockenen Flächen wie Putz, Beton, Hartschaum, Holzfaser- und Pressspanplatten.

Wer es farbig liebt, tönt die Masse vor dem Auftragen mit Volltonfarben auf Dispersionsbasis (maximal 5 %) ab. Kräftigere Farben lassen sich erzielen, indem man die Wände nach vollständigem Trocknen mit Dispersionsfarben rollt.

Kleben Sie alle Ecken und Kanten sorgfältig ab. Dann die Dekormasse mit Deckenbürste oder Flächenstreicher satt und gleichmäßig auftragen.

Bei der individuellen Gestaltung sind Ihrer Fantasie keine Grenzen gesetzt. Mit Rolle, Pinsel, Bürsten, Spachtel und Dekorwalzen ...

... Schwamm, Fingern, Flaschen oder ganz normalen Haushaltsgegenständen wie beispielsweise Bratenwender oder grobzinkigem Kamm entstehen die unterschiedlichsten Strukturen

Getupfte Muster mit dem Schwamm

Streifenmuster mit der Reliefwalze

Feine Struktur mit gelochter Schaumstoffrolle

Rustikale Struktur mit der Deckenbürste

Gleichmäßige Muster und Ornamente erzielen Sie mit speziellen Walzen, die es in unterschiedlichsten Variationen gibt

Anschließend das Klebeband vorsichtig abziehen. So haben Sie einen sauberen und dekorativen Abschluss

TIPP

Falls Sie die Wände eines Tages neu gestalten wollen, ist die Entfernung je nach verwendetem Dekorputz durch trockenes Abziehen oder mit Wasser und Spachtel möglich.

Mit Pinsel, Rolle und Farbe

Ein neuer Anstrich kann wahre Wunder vollbringen. Das gilt für Wände und Decken ebenso wie für Türen und das Inventar. Mit ein bisschen Geschick und Geduld im Umgang mit Pinsel und Rolle können Sie Ihren Räumen eine ganz neue Atmosphäre und alten Möbeln neuen Glanz verleihen. Farben, Pinsel und Rollen guter Qualität sind die beste Garantie für einen schönen, gleichmäßigen und haltbaren Anstrich.

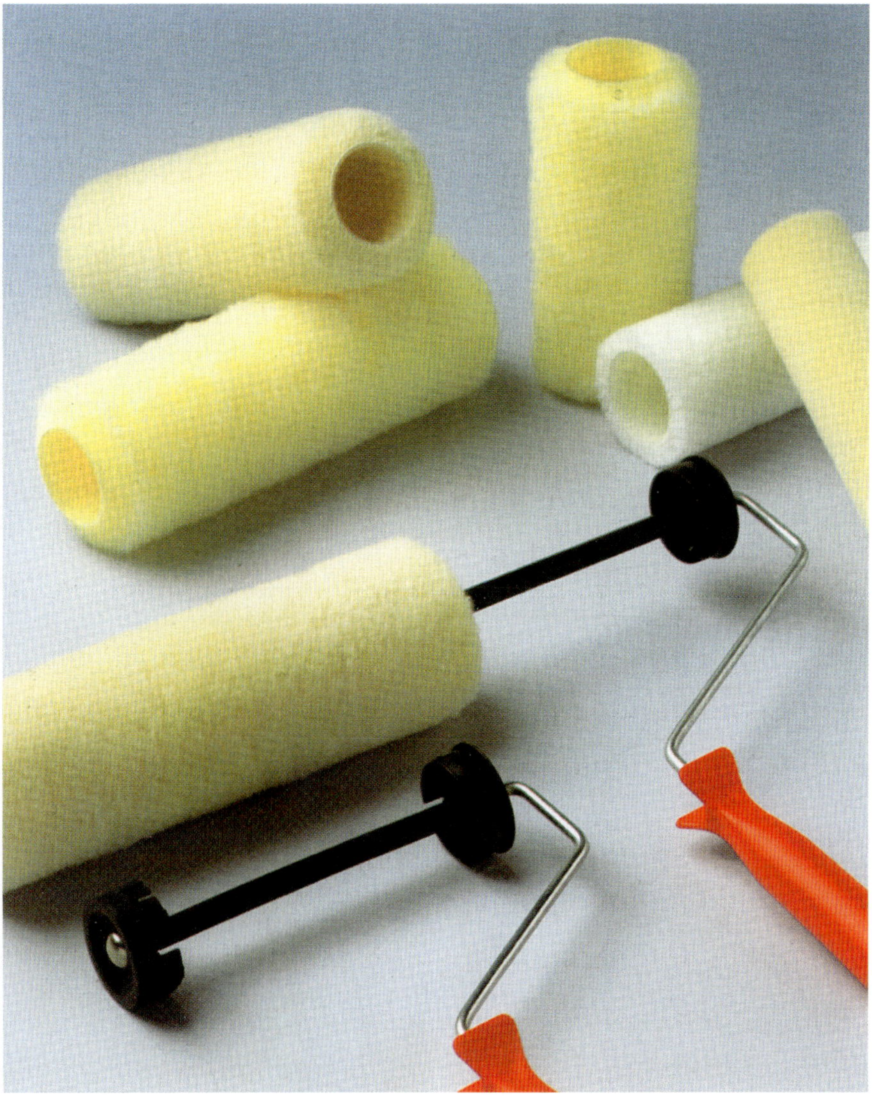

Wie Farben wirken

Das Problem beim Streichen ist nicht nur der Umgang mit verschiedenen Pinseln und Rollen, sondern vor allem die Wahl des richtigen Farbtons. Denn Farben verschönern und schützen nicht nur die Oberflächen, sondern beeinflussen auch die Wirkung der Räume und die Stimmung der Menschen.

Bevor Sie Ihre vier Wände streichen, sollten Sie genau überlegen, welche optische Wirkung Sie erzielen wollen. Ist der Raum zu groß und ungemütlich, zu hoch oder zu niedrig, zu breit oder zu schmal?

Wie sich die Optik durch den Anstrich verändern und positiv beeinflussen lässt, zeigt Ihnen die folgende kleine Farbenlehre.

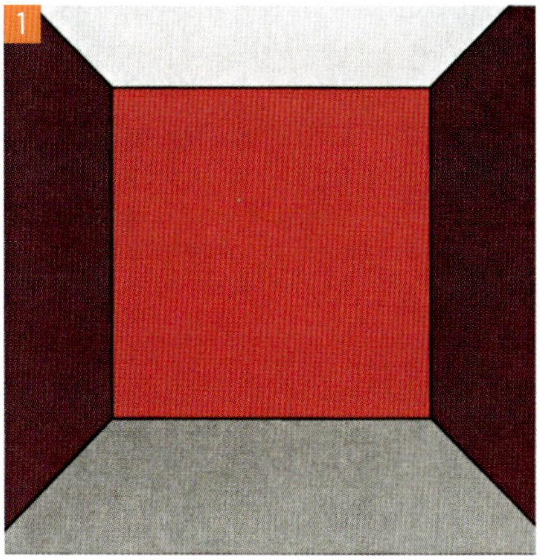

Warme Rot- oder Brauntöne verbreiten in sehr großen Räumen eine behagliche Atmosphäre. In kleinen Räumen können sie jedoch bedrückend wirken (1)

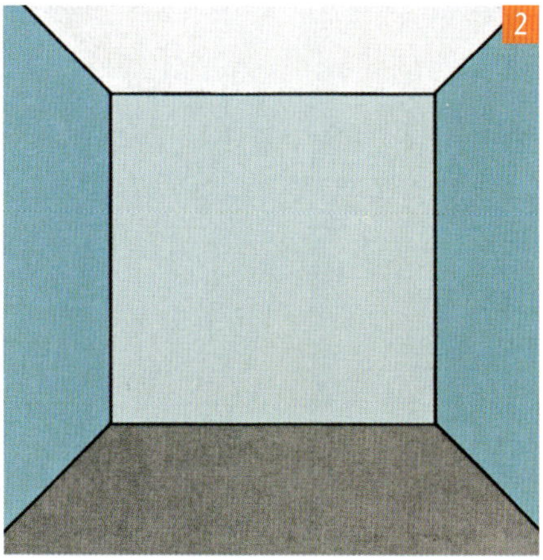

Streicht man den gleichen Raum in einem hellen Blauton, wirkt er größer und frisch, aber auch sachlicher und recht kühl (2)

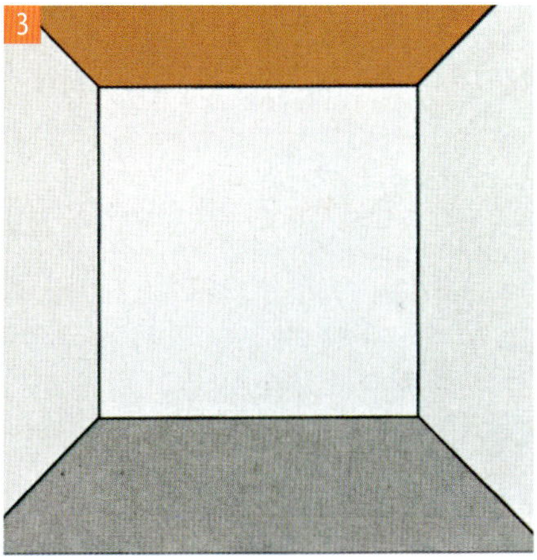

Wenn Sie für die Decke einen dunkleren Ton wählen als für die Wände, wirkt der Raum niedriger. Günstig bei hohen Decken in Altbauten (3)

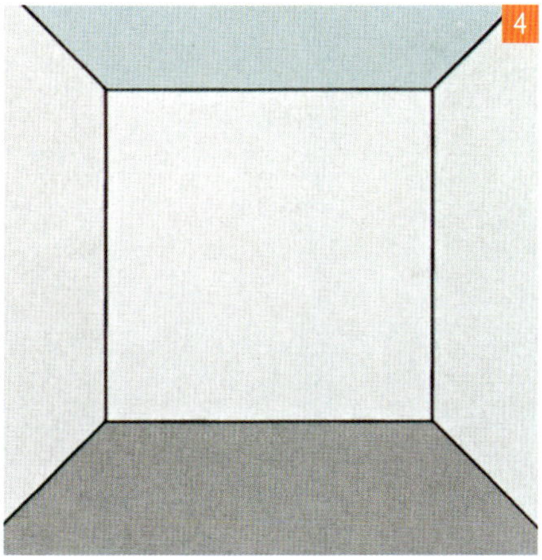

In Neubauten mit sehr niedrigen Räumen sorgt ein Deckenanstrich mit hellen, kühlen Pastellfarben für mehr Höhe (4)

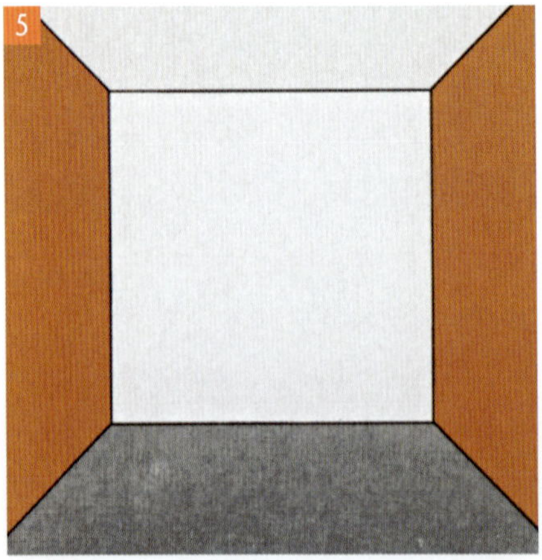

Ein schmaler Schlauch wird verkürzt durch einen warmen, dunkleren Anstrich der Seitenwände. Die Stirnwand rückt auf diese Weise optisch näher (5)

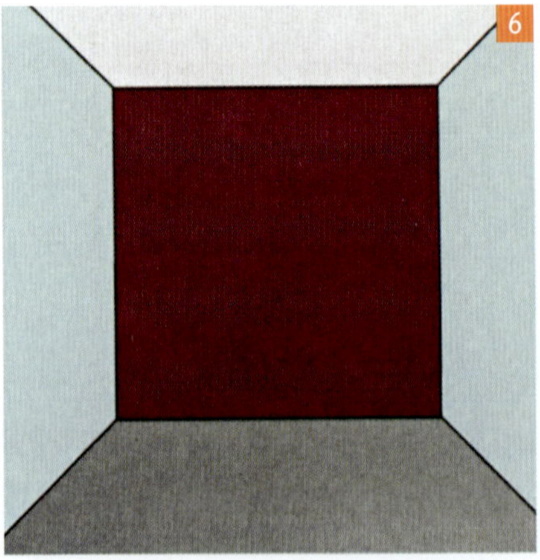

Oder Sie streichen die Seitenwände in einem hellen, kühlen Ton und wählen für die Stirnwand eine warme, dunkle Farbe. So wirkt der Raum breiter (6)

Was in Farben steckt

Farben sollen sich leicht verstreichen lassen, farbbeständig sein, gut haften und lange halten. Das ist nur durch entsprechende Zusätze möglich. Ihre Farbe bekommt die Farbe durch Pigmente, die durch Bindemittel gleichmäßig verteilt und fest eingebunden werden, sodass ein gleichmäßiger Film auf der Oberfläche entsteht. Als Bindemittel werden natürliche Harze und Öle, vorwiegend aber Kunstharze verwendet. Hinzu kommen Hilfsstoffe, die die Verarbeitung erleichtern, die Haltbarkeit verlängern und die Hautbildung verhindern.

In die Diskussion geraten sind die in Farben und Lacken enthaltenen organischen Lösemittel, die dafür sorgen, dass sich die Farbe gut verstreichen lässt und schnell trocknet. Sie verdunsten, gelangen so direkt in die Umwelt und können gesundheitliche Folgen haben. Je nach Farbe liegt der Lösemittelanteil zwischen zwei und über 50 Prozent.

Dispersionsfarben

Null bis fünf Prozent organische Lösemittel enthalten die zum Streichen von Wänden und Decken heute hauptsächlich verwendeten Dispersionsfarben, die damit unproblematisch für Umwelt und Gesundheit sind. Qualität und Deckkraft der Farbe hängen vom Gehalt der als Bindemittel verwendeten Kunstharze und den Pigmenten ab.

Wasch- und scheuerbeständige Dispersionsfarben, die es speziell für den Innen- und Außenanstrich gibt, können abgetönt, mehrmals überstrichen und feucht abgewischt werden. Wischfeste Farben decken in der Regel nur auf hel-

lem Untergrund und können nicht überstrichen werden.

Dispersionsfarben werden auch „tropfgehemmt" in festerer Konsistenz und als „feste Farbe" (ebenfalls lösemittelfrei erhältlich) in der Wanne mit Abstreifgitter angeboten. „Feste Farbe" wird erst beim Verstreichen flüssig (vorher nicht umrühren!). Der Vorteil: Sie tropft und spritzt nicht, sodass Sie weder sich noch die Umgebung „verkleiden" müssen. Der Nachteil: Man kann sie nicht nach eigenen Wünschen abtönen, sondern nur abgetönt kaufen.

Frei von organischen Lösemitteln sind die heute kaum noch verwendeten Kalk- und Leimfarben.

Lacke

Die Farbvielfalt bei Lacken ist grenzenlos. Der Farbfilm schützt die Oberflächen von Holz, Metall und Kunststoff. So unterschiedlich wie die Lacke ist auch ihr Gehalt an organischen Lösemitteln. Mit dem Umweltzeichen „Blauer Engel" versehene Lacke enthalten maximal zehn Prozent organische Lösemittel und sind ohne schwermetallhaltige Farbpigmente sowie kennzeichnungspflichtige Stoffe hergestellt.

Die lösemittelarmen, mit Wasser verdünnbaren Acryllacke (auch Dispersions- oder Wasserlacke genannt) haben die geringsten Auswirkungen auf Umwelt und Gesundheit. Diese Lacke sind geruchsarm, lassen sich leicht verarbeiten, trocknen schnell und sind innen wie außen zum Anstrich von Holz, Metall und Kunststoff geeignet.

Eine andere Alternative sind Naturharzlacke, bei denen als Binde- und Lösemittel pflanzliche und tierische Rohstoffe verwendet werden. Unumstritten sind aber auch sie nicht – vor allem, was die Gesundheit betrifft. Einige Inhaltsstoffe können allergische Reaktionen auslösen.

Kunstharzlacke (auch Alkydharzlacke genannt) hinterlassen nach dem Trocknen eine harte, gegen Kratzer und Schmutz unempfindliche Oberfläche und sind daher besonders für Türen, Tische, Stühle etc. geeignet. Sie sind widerstandsfähiger und glanzbeständiger als Acryllacke, enthalten jedoch bis zu 60 Prozent organische Lösemittel. Alkydharzlack ist auch in fester Konsistenz erhältlich. Wie die „feste Farbe“ wird auch der „feste Lack“ erst beim Streichen flüssig.

Messen Sie vor dem Kauf von Farben und Lacken die Flächen aus, die Sie streichen möchten. Auf Farbeimern und -dosen ist angegeben, für wie viel Quadratmeter der Inhalt reicht. Diese Angaben sind allerdings nur ein vager Anhaltspunkt, da der Bedarf je nach Untergrund unterschiedlich sein kann. Kalkulieren Sie daher nicht zu knapp.

TIPP

Lesen Sie direkt beim Kauf von Lack die Verarbeitungshinweise auf der Dose. Je nach Produkt brauchen Sie möglicherweise eine Verdünnung oder einen speziellen Vorlack.

Pinsel und Farbrollen

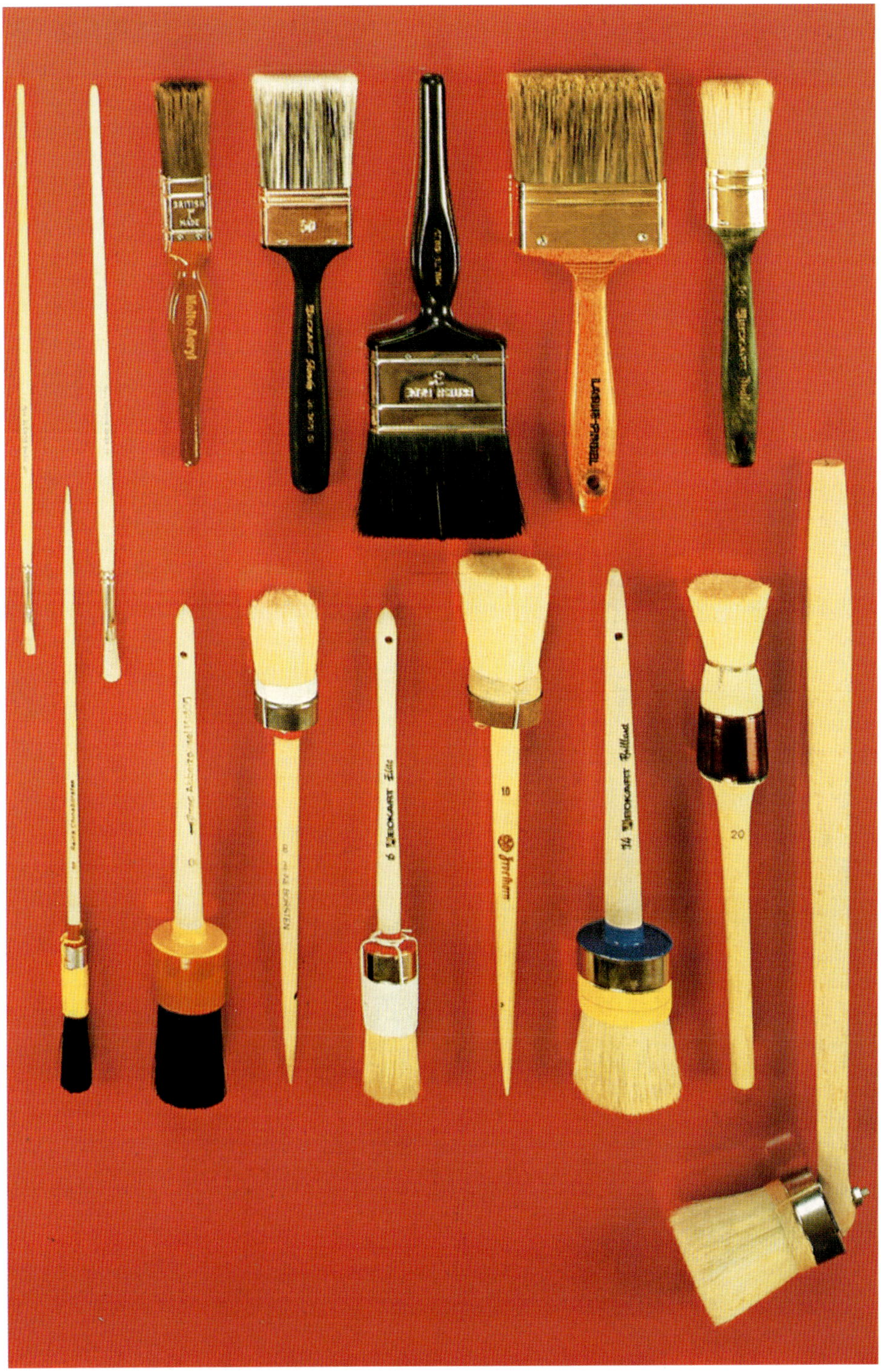

Was für die Farbe gilt, gilt auch für das Werkzeug: Qualität macht sich bezahlt. Mit guten Pinseln und Farbrollern ersparen Sie sich Zeit, Ärger und Enttäuschungen.

Gute Pinsel lackieren besser und halten länger. Entscheidend ist die Qualität der Borsten. Schlechte Pinsel haben weniger und schlechtere Borsten, die sich dazu noch schneller lösen. Für lösemittelhaltige Farben und Lacke sollten Sie immer Pinsel mit Naturborsten (China- oder Schweinsborsten) benutzen, da sie die Farbe besser aufnehmen und verteilen. Zum Lackieren mit wasserverdünnbaren Acryllacken werden Pinsel mit Kunststoffborsten verwendet.

TIPP

Neue Pinsel sollten Sie vor dem ersten Gebrauch gründlich waschen. „Haarausfall" beim Lackieren lässt sich vermeiden, indem man mit dem trockenen Pinsel mehrmals über rohes Holz oder Schleifpapier streicht.

Aber nicht nur durch die Borsten unterscheiden sich die Pinsel, sondern auch durch die Form. Mit Ring- oder Rundpinseln, die es in verschiedenen Durchmessern gibt, können Sie saubere Kanten ziehen (z. B. am Fensterrahmen), aber auch größere Flächen streichen. Wenn der Lack zügig aufgetragen wird und nicht zu schnell trocknet – wie bei Acryllacken – haben Sie genügend Zeit zur Nachbesserung.

TIPP

Mischen Sie nie Acryl- und Alkydharzlacke. Sie vertragen sich nicht. Das Ergebnis wäre eine ausgeflockte Masse, die aussieht wie geronnene Milch oder Quark und zudem ungeahnte chemische Reaktionen hervorrufen kann.

Flächenstreicher und Flachpinsel, die es in verschiedenen Breiten gibt, sind ideal zum Auftragen von schnelltrocknenden Lacken oder Wandfarben, da man mit ihnen sehr zügig und großflächig arbeiten kann. Mit dem langstieligen und am Kopf geknickten Heizkörperpinsel kommen Sie beim Streichen und Lackieren in alle Ecken und Kanten. Er ist daher auch besonders zum Vorstreichen von Wänden und Decken nützlich.

Dispersionsfarben an Wand und Decke tragen Sie am bequemsten und auch schnellsten mit einer Lammfellrolle auf, die es in verschiedenen Größen und mit auswechselbaren Walzen gibt – bis hin zur Heizkörperrolle mit kleiner Walze an langem Stiel. Dazu benötigen Sie ein Abstreifgitter, das in den Farbeimer gehängt wird.

Neben Pinseln und Farbrollern gibt es Streichgeräte in allen Variationen und verschiedenen Größen mit speziellen, auswechselbaren Streichkissen.

TIPP

Wenn Sie ganz sicher gehen wollen, dass der neue Anstrich nicht abblättert, machen Sie vorher an mehreren Stellen der Wand bzw. Decke einen Klebestreifentest (empfehlenswert vor allem bei bereits überstrichenen Tapeten): Streifen kurz andrücken und wieder abziehen. Bleibt Farbe hängen, muss die Tapete runter.

Zum Lackieren glatter Flächen verwendet man am besten Lackwalzen aus Schaumstoff. Mit ihnen lässt sich der Lack gleichmäßig, jedoch nicht ganz glatt auftragen. Der Schaumstoff hinterlässt eine feine Struktur. Wenn Sie mit der Rolle (gibt es auch als Heizkörperwalze) lackieren, brauchen Sie eine Farbwanne mit Abstreif-Riffelung.

Unnötige Putzarbeit ersparen Sie sich, wenn Sie Boden, Fenster- und Türrahmen, Steckdosen, Lichtschalter, Thermostat etc. sorgfältig abdecken bzw. mit Malerband (kein Kreppband) abkleben.

Nützlich sind auch spezielle Farbbegrenzer aus Kunststoff oder Metall. Sie verhindern, dass Farbe an die falsche Stelle oder der Pinsel zum Beispiel an der Fußleiste mit Schmutz in Berührung kommt.

Decke und Wände streichen

Bevor Sie zur Rolle greifen, sollten Sie noch einmal genau kontrollieren, ob der Untergrund einwandfrei ist (siehe Kapitel „Sauberer Untergrund") und Sie keine Risse übersehen haben.

Raufaser muss ganz trocken sein, bevor sie überstrichen wird. Das kann 12 bis 24 Stunden dauern.

Falls Sie Ihre Wände farbig streichen wollen, die Abtönfarbe vorsichtig nach und nach untermischen. Wichtig ist richtiges Durchrühren. Sie können sich Ihre Wunschfarbe aber auch im Bau- und Heimwerkermarkt anrühren lassen und später exakt den gleichen Farbton nachbestellen.

TIPP

Günstig sind Rollen mit hohlem Griff, in den man eine Teleskopverlängerung oder einfach einen Besenstiel stecken kann. Das erspart die Leiter.

Machen Sie auf jeden Fall in einer Ecke einen Testanstrich. So haben Sie die Möglichkeit, den Farbton eventuell noch zu korrigieren. Der endgültige Farbton ist erst sichtbar, wenn die Farbe restlos trocken ist. Mit dem Fön können Sie die Zeit abkürzen.

Zuerst kommt die Decke an die Reihe. Streichen Sie zunächst – am besten mit einem Heizkörperpinsel – rundum die Ecken und Kanten an der Decke vor. Weiter geht es mit der eventuell durch Besenstiel oder Teleskopstange auf Deckenhöhe verlängerten Wandrolle: Die Walze in die Farbe tauchen und dann auf dem eingehängten Abstreifgitter abrollen. So vermeiden Sie Spritzer, und die Farbe wird gleichmäßiger verteilt.

FARBNEBEL

Spritzen statt streichen – eine zunächst verlockende Alternative. Doch sollten Sie dabei bedenken, dass der unvermeidbare Farbnebel der Umwelt und Ihrer Gesundheit schadet. Farbsprays und Spritzpistolen daher nur dann benutzen, wenn ihr Einsatz unumgänglich ist. Möglichst nur im Freien oder zumindest bei geöffnetem Fenster arbeiten und die Bedienungsanleitung genau durchlesen und beachten!

Bevor Sie sich nun an die Arbeit machen, die Farbe nochmals kräftig umrühren, damit alle Bestandteile gleichmäßig vermischt sind. Das geht am einfachsten mit einem Mischquirl, den es als Einsatz für Bohrmaschinen gibt. Er rührt die Farbe gründlich durch

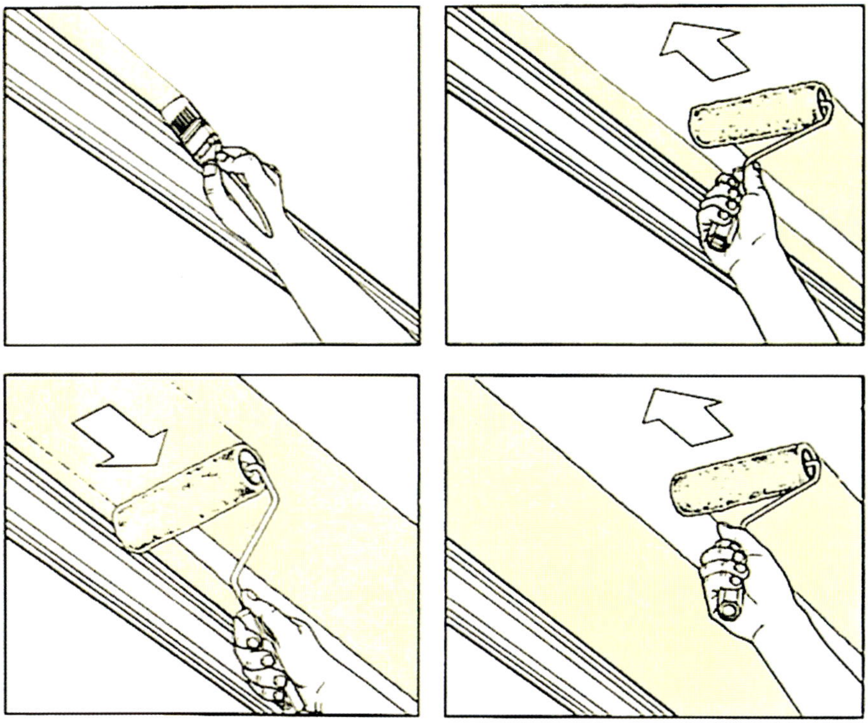

Beginnen Sie mit dem Anstrich am Fenster und arbeiten Sie sich dann im „Kreuzgang" Stück für Stück vor: Die erste Bahn mit leichtem Druck auftragen, die Farbe dann mit der Rolle quer verteilen und in entgegengesetzter Richtung nochmals überrollen. Wichtig ist, dass die Farbe nicht antrocknet, da sonst die Walzspuren zu sehen sind. „Nass in Nass arbeiten", sagen die Profis.

Nach dem gleichen Prinzip werden auch die Wände gestrichen. Zuerst alle Ecken und Kanten mit dem Flach- oder Heizkörperpinsel vorstreichen. Danach wiederum am Fenster beginnen und in den Raum hinein arbeiten: Von oben nach unten rollen, dann quer und nochmals von oben nach unten.

Immer zügig arbeiten und die Farbe nicht auf zu großen Flächen verteilen, damit später keine Ansätze zu sehen sind. Je nach Untergrund und Farbqualität ist eventuell ein zweiter Anstrich notwendig.

TIPP

Falls Sie zwischendurch eine Pause machen wollen: Den Farbeimer mit Deckel verschließen, die Rolle in eine Plastiktüte stecken, die Luft herausdrücken und oben zubinden.

Dieses Beispiel zeigt, dass Badezimmer mit sehr einfachen Mitteln ein ganz individuelles Gesicht bekommen können. Statt Fliesen sieht man hier gestrichene Flächen – durch Schablonenmuster aufgelockert

Dekorative Anstrichtechniken

Wenn Ihnen einfarbige Wände zu langweilig sind, gibt es heute dekorative Anstrichtechniken, mit denen Sie attraktive Muster auf die Flächen zaubern können.

Eine sehr alte Methode ist das Arbeiten mit Schablonen. Bei diesem Badezimmer wurde die Fläche zuerst mit blauer Dispersionsfarbe grundiert. Dann hat man mithilfe fertig gekaufter Schablonen verschiedene maritime Muster aufgetupft. Wichtig: Es darf keine Farbe hinter die Schablone gelangen!

Statt durch Schablonen festgelegter Muster können Sie aber auch ganz individuelle Strukturen auf die Wand bringen. Dabei arbeitet man mit Schwämmen, Tüchern, Bürsten, sogenannten Effekthandschuhen oder

Die Schablone wird mit Kreppband fixiert. Anschließend tupft man die Farbe mit einem Schwamm auf

speziellen Rollen. Stets wird die Wand zunächst in bekannter Weise grundiert. Dann erfolgt das Auftragen der dekorativen Strukturen.

Ganz gleich, mit welchen Hilfsmitteln Sie arbeiten, die Techniken sind ganz ähnlich. Schwamm oder Bürste werden mit einer von der Grundfarbe der Wand abweichenden Farbe benetzt. Dann wischt oder tupft man in gleichmäßigen Bewegungen über die Wand. Dabei die Arbeit nach Möglichkeit nicht unterbrechen.

Sie sollten ruhig ein wenig Mut zum Experimentieren haben, dann gelingen Ihnen die schönsten Muster. Es empfiehlt sich jedoch, zuerst an einer Kellerwand oder einer Gipskartonplatte zu üben, ehe man ans Werk geht.

Sie können auch eine Bürste in Farbe tauchen und ein Muster aus diagonalen Streifen auftragen

Lackieren ohne Läufer und Nasen

Auch beim Lackieren hängt das Ergebnis vor allem vom Untergrund ab. Je ebenmäßiger er ist, desto glatter und schöner wird die Oberfläche. Wichtig ist, dass Sie mit ruhiger Hand und dennoch zügig arbeiten, da moderne Acryllacke schnell trocknen.

Die Oberfläche muss sauber, staub- und fettfrei sein. Sollten Sie hier und da noch einen kleinen Riss entdecken, muss er verspachtelt werden. Gut durchtrocknen lassen, die Oberfläche dann anschleifen und den Schleifstaub sorgfältig entfernen.

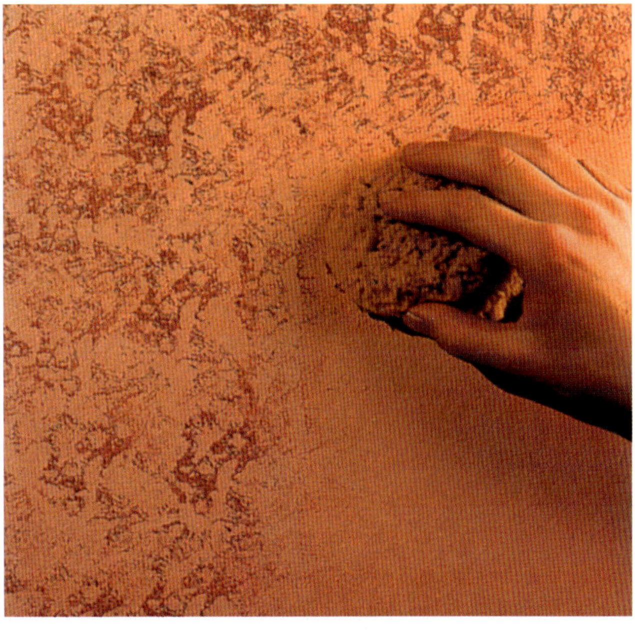

Mit dem Naturschwamm tupft man zarte Muster auf die zuvor grundierte Fläche

Schöne, haltbare Oberflächen lassen sich in der Regel nur durch mehrere Schichten erzielen: Vor-, Zwischen- und Schlussanstrich. Während bei Kunstharzlacken dafür meist verschiedene Produkte wie beispielsweise Vorstreichfarbe (Grundierung) notwendig sind, wird Acryllack für alle Anstriche verwendet. Beachten Sie daher genau die Angaben auf der Dose.

Für den Zwischenanstrich wird im Allgemeinen der gleiche Lack verwendet wie für den Schlussanstrich. Profis schleifen die Fläche zusätzlich nach Vor- und Zwischenanstrich. So wird der neue Anstrich schöner und haltbarer.

Praktisch zum Schleifen ist ein Klotz aus Kork, auf dem Sie einen Streifen feines Schleifpapier befestigen (1).

Ziehen Sie das Schleifpapier vorher mit der Rückseite über eine Holzkante. Das erhöht die Schleifkraft. Die geschliffene Fläche anschließend immer gründlich säubern (2).

Bevor Sie mit dem Streichen beginnen, die Farbe gut umrühren (nicht bei „festem Lack"!). Tauchen Sie den Pinsel immer nur zu etwa einem Drittel der Borstenhöhe in die Farbe, streifen Sie ihn dann am Dosenrand ab oder kleben Sie zum Abstreifen schmales Kreppband quer über die Dose. So bleibt der Dosenrand sauber (3).

Da Acryllack schnell trocknet, eventuell die benötigte Farbe je nach Bedarf in ein Gefäß umfüllen und die Dose verschließen (4).

TIPP

Bei schnelltrocknenden Acryllacken Pinsel bzw. Farbrolle in Arbeitspausen fest mit Aluminium- oder Plastikfolie umwickeln, damit die Farbe nicht antrocknet. Bei längeren Pausen mit Wasser auswaschen.

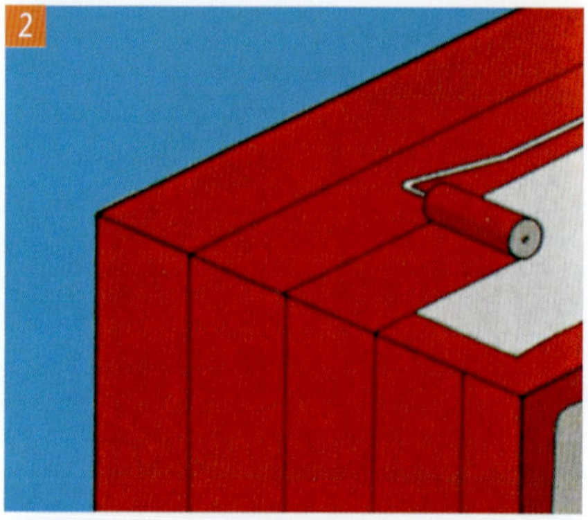

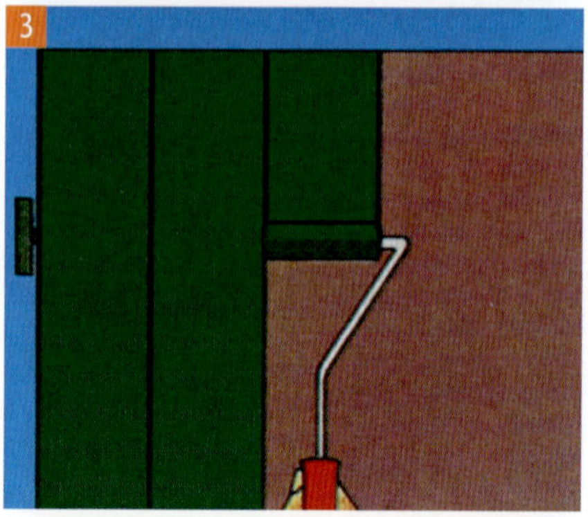

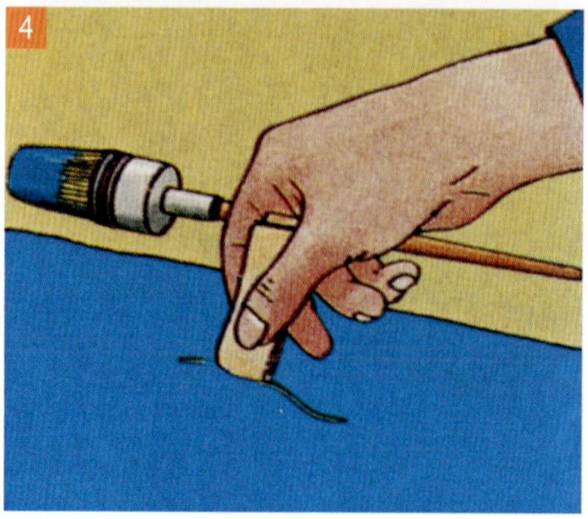

Wenn Sie mit der Farbrolle arbeiten, einen Teil der zuvor umgerührten Farbe in die Farbwanne geben (Dose wieder verschließen), die Walze eintauchen und auf dem gerippten Teil überflüssige Farbe abrollen. Kanten mit dem Pinsel vorstreichen (1) und die frisch mit Farbe getränkte Walze nie direkt am Rand, sondern etwas daneben oder darunter ansetzen. Zügig, aber nicht zu schnell rollen, da sonst Luftbläschen entstehen (2).

Der Lack wird zunächst Strich neben Strich aufgetragen (bei schnelltrocknender Farbe wie Acryllack jeweils nur zwei bis drei Bahnen) und dann „vertrieben" bzw. „verschlichtet", indem Sie Pinsel oder Rolle (ohne neuen Lack aufzunehmen) zuerst quer und dann wieder längs über die Oberfläche führen. So ergibt sich eine gleichmäßige Verteilung (3).

Sollten Sie auf der noch feuchten Lackoberfläche ein Pinselhaar oder Staubkorn entdecken, hilft folgender Trick: Kreppband mit der Klebeseite nach außen knicken und das Haar bzw. Staubkorn abtupfen (4). Die Stelle anschließend vorsichtig verstreichen.

Zum Schluss noch einmal locker in langen Zügen über die Fläche streichen und eventuelle Tropfnasen oder Läufer glatt ziehen. Größere Flächen immer in kleine Abschnitte aufteilen.

Schöne glatte Kanten erzielen Sie, wenn Sie den Ringpinsel leicht schräg halten und den Lack in Streichrichtung vor dem Pinsel herschieben. Den Pinsel dabei langsam um seine Achse zur Kante hin drehen. Oder Sie kleben vorher alle Kanten sorgfältig ab.

Alter Anstrich neu lackiert

Irgendwann nagt der Zahn der Zeit auch an lackierten Flächen. Je schneller Sie dann zu Pinsel und Farbe greifen, desto geringer ist der Aufwand und der Schaden.

Heizkörper

Wenn Ihr Heizkörper einen neuen Anstrich nötig hat, müssen Sie ihn in der warmen Jahreszeit streichen, wenn Sie nicht frieren wollen. Der Heizkörper muss nämlich beim Anstrich kalt sein und darf erst wieder in Betrieb genommen werden, wenn die Farbe restlos trocken ist.

1 *Die Ventile vorher abkleben. Sie dürfen nicht gestrichen werden! Schadhafte Stellen des Heizkörpers schleifen, grundieren und vorlackieren (1)*

2 *Ist der alte Anstrich noch in Ordnung, können Sie den Heizkörper nach dem Schleifen bzw. Abwaschen mit Anlauger direkt mit Acryl-Heizkörperlack (lässt sich mit farbigem Acryllack abtönen) überstreichen. Mit der Heizkörperwalze auftragen (2)*

3 *Bei Rippenheizkörpern für unzugängliche Stellen einen Heizkörperpinsel mit Kunststoffborsten verwenden. Mit ihm kommen Sie gut zwischen die einzelnen Rippen (3)*

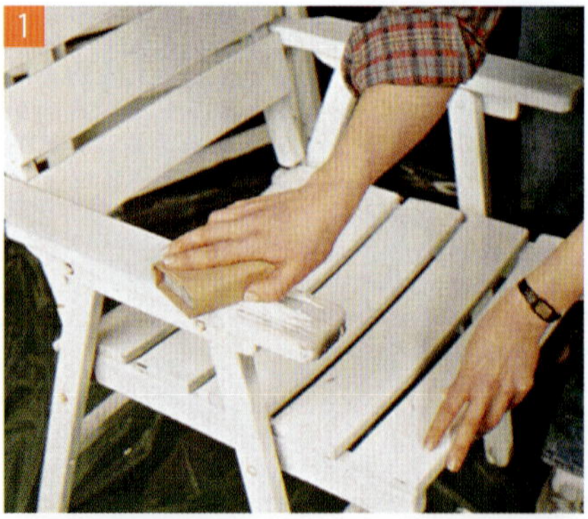

Gartenmöbel

Irgendwann hinterlassen Wind und Wetter gerade an Gartenstühlen und -tischen ihre Spuren. Warten Sie mit dem Aufmöbeln nicht, bis das Holz morsch ist. Ein neuer Anstrich ist der beste Schutz.

Wenn Sie lose Lackteile entfernt und die Gartenmöbel mit Anlauger und Wasser gründlich gereinigt haben, wird die Oberfläche angeschliffen (1).

Wo der Lack ab ist, Holzschutzgrund auftragen. Die Grundierung imprägniert das Holz und schützt es vor Bläue- und Pilzbefall (2). Anschließend vorstreichen und nach der Trocknung Risse, Löcher und Poren beispachteln. Nochmals sorgfältig schleifen, bis alle Unebenheiten und Mulden egalisiert sind.

Für den Zwischen- und Schlussanstrich einen gut deckenden, strapazierfähigen Alkylharzlack (z. B. Fenster-Weißlack) verwenden (3). Dann haben Sie lange Freude an dem neuen Glanz ihrer alten Gartenmöbel.

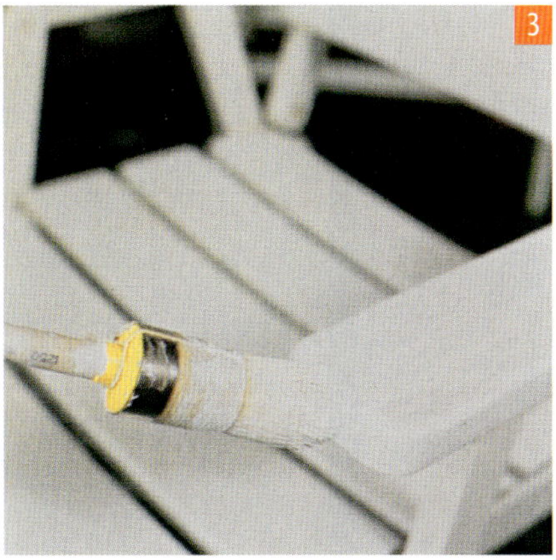

3

Fensterrahmen

Wenn Sie Ihre Fensterrahmen aus Holz wieder auf Hochglanz bringen wollen, verfahren Sie ebenso wie bei den Gartenmöbeln beschrieben. Kontrollieren Sie aber vorher, ob der Fensterkitt noch fest ist. Losen Kitt müssen Sie vor dem neuen Anstrich entfernen, erneuern und trocknen lassen.

Balkon

Erst die entsprechende Kulisse bringt die Blütenpracht richtig zur Geltung. Die Generalüberholung des Balkons ist selbst dann kein Problem, wenn verschiedene Materialien zu streichen sind. Das wichtigste ist auch hier die Vorbehandlung.

Zunächst alle Flächen gründlich säubern. Die Kunststoff-Paneele der Balkonbrüstung, Regenfallrohre und Blumenkästen mit Verdünner reinigen (1).

Danach folgt der Grundanstrich mit Acryllack. Er ist sowohl für die Regenfallrohre und Blumenkästen als auch (2) für die Kunststoff-Paneele geeignet. Nach dem Trocknen folgen der Zwischen- und schließlich der Schlussanstrich ebenfalls mit Acryllack (3).

Gartenzaun
Ein verwitterter Metallzaun macht keinen guten Eindruck. Ein neuer Anstrich dient nicht nur der Schönheit, sondern erhöht auch die Lebensdauer.

Nachdem Sie alle Roststellen gründlich entfernt haben (siehe Kapitel „Lack und Rost entfernen"), bekommt der Zaun einen Schutzanstrich mit Rostschutzgrundierung.

Nach etwa sechs Stunden können Sie Ihren Zaun dann überlackieren – mit Acryl- oder Alkydharzlack. Mit dem Ringpinsel kommen Sie auch an schwer zugängliche Stellen.

Nach dem Anstrich

Wenn Sie Ihre Streich- und Lackierarbeiten erfolgreich beendet haben, kommt das ungeliebte aber notwendige Säubern von Pinseln, Farbrollen und Geräten.

Pinsel und Rollen säubern
Problemlos ist die Reinigung, wenn Sie Dispersionsfarben und Acryllack verwendet haben. Dann brauchen Sie Pinsel und Rollen nur grob auf Zeitungspapier auszustreichen und anschließend mit lauwarmem Wasser (eventuell einige Tropfen Spülmittel hinzugeben) auszuwaschen.

Bei anderen Farben und Lacken sollten Sie die Hinweise des Herstellers beachten. Meist lassen sie sich nur mit Terpentinersatz, speziellem Verdünner oder Pinselreiniger entfernen. Da diese Mittel einen hohen Prozentsatz Lösemittel enthalten, sollte man sparsam mit ihnen umgehen und gut lüften. Streichen Sie Pinsel und Rollen vorher so gut wie möglich auf Papier aus, und entfernen Sie die restliche Farbe nicht im Wasch- oder Spülbecken, sondern in einer alten Dose oder Schüssel. Der benutzte Reiniger gehört auf den Sondermüll.

Pinsel und Rollen anschließend nochmals mit warmem Wasser auswaschen und hängend trocknen lassen.

Farbspuren an Händen und Armen nicht mit Pinselreinigungsmitteln säubern, da sie die Haut stark entfetten

TIPP

Hier ein Tipp, wie Sie Ihre wertvollen Chinaborsten-Pinsel optimal aufbewahren: Jeweils ein Loch durch den Schaft bohren und einen langen Nagel durch beide Löcher stecken. So schweben die Pinsel in einem leeren Gefäß, bis sie wieder benötigt werden. Diese Mühe lohnt sich, da gute Pinsel mit der Zeit immer besser werden: „Eingearbeitete" Haarspitzen lackieren besser.

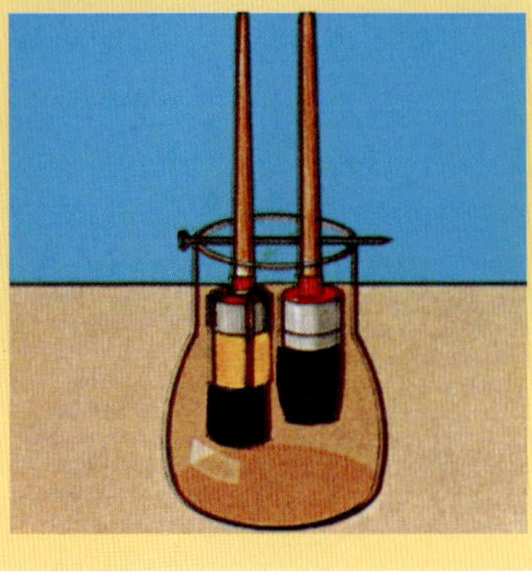

und angreifen. Bei Dispersionsfarben und -lacken reicht Wasser und Seife. Ansonsten einen speziellen Handreiniger verwenden und die Haut gut eincremen.

Lackreste

Säubern Sie auch sorgfältig die Ränder der Farbdosen, da sie sich ansonsten nicht richtig verschließen und später schwer wieder öffnen lassen. Lackdosen bis zum nächsten Anstrich auf den Kopf stellen, damit sich keine Haut bildet und der Lack nicht austrocknet. Wenn sich die Aufbewahrung nicht lohnt, können Sie Dosen mit Lackresten zum Verflüchtigen der Lösemittel offen im Freien aufstellen. Eingetrocknete Dispersionsfarben und -lacke dürfen in den Hausmüll, alle anderen sind Sondermüll.

Das Gleiche gilt für Pinselreiniger und Verdünner, die einen hohen Anteil an Lösemitteln haben. Gehen Sie so sparsam wie möglich mit ihnen um.

Auch mit lösemittelhaltigen Farben verschmutzte Abdeckplanen und Klebebänder gehören nicht in die Mülltonne.

Entfernen Sie die Klebestreifen an Fenster- und Türrahmen erst, wenn die Farbe leicht angetrocknet ist. Vorsichtig zur Seite abziehen, damit der neue Anstrich nicht beschädigt wird

Teppichboden verlegen

Ob samtig und edel oder rustikal und strapazierfähig – wer seine Räume mit Teppichböden auslegen will, hat die Qual der Wahl, was Muster und Farben betrifft. Textile Bodenbeläge rangieren in der Beliebtheit nach wie vor ganz vorn. Und das liegt nicht zuletzt daran, dass man sie zumindest in kleineren, nicht zu kompliziert geschnittenen Räumen leicht selbst verlegen kann. Wichtig sind genaues Maßnehmen, eine ruhige Hand und ein Vorrat an scharfen Klingen.

Material und Herstellung

Textile Bodenbeläge gibt es in den unterschiedlichsten Qualitäten, Farben, Mustern und Preislagen. Optik und Preis sind allerdings nicht die einzigen Kriterien, nach denen Sie Ihren Teppichboden auswählen sollten. Eine entscheidende Rolle spielt, wo und wie er verlegt werden soll und was er aushalten muss. Ein heller, samtiger Veloursboden, an dem Sie im Wohn- und Schlafzimmer lange Freude haben, ist für Kinderzimmer oder Diele kaum geeignet.

Die Qualität eines Teppichbodens hängt vom Material, der Flordichte und -höhe sowie dem Herstellungsverfahren ab. Die Nutzschicht (in der Fachsprache als Pol bezeichnet) der meisten Teppichböden besteht heute aus synthetischen Fasern, da sie besonders strapazierfähig und unempfindlich sind.

Dazu gehören Polyamid (PA), Polyacryl (PAC), Polyester (PES) und Polypropylen (PP). Teppichböden aus Wolle sind weich, warm und schalldämmend. Außerdem wirken sie sich positiv auf das Raumklima aus, da sie im Gegensatz zu synthetischen Fasern viel Feuchtigkeit aufnehmen können, die sie bei zunehmender Lufttrockenheit wieder abgeben. Achten Sie auf eine antistatische Ausrüstung, da sich Bodenbeläge aus Synthetikfasern und auch aus Wolle bei trockener Luft leicht aufladen.

Hergestellt werden Teppichböden vorwiegend im Tufting-Verfahren, das wesentlich schneller ist als das herkömmliche Weben. Im Gegensatz zu gewebten Teppichböden, bei denen

Flor und Grundgewebe in einem Arbeitsgang entstehen, wird beim Tufting-Verfahren das Florgarn in ein Grundmaterial eingenadelt. Oberseiten mit geschlossenen Garnschlingen werden als Bouclé (Schlingenflor) bezeichnet. Bei Velours (Schnittflor) werden die Garnschlingen aufgeschnitten. Dadurch entsteht eine samtartige Oberfläche.

Im Tufting-Verfahren hergestellte Teppichböden haben überwiegend einen Rücken aus Latexschaum, der für Bodenhaftung, Tritt-Elastizität, Schalldämmung und Wärmeisolierung sorgt. Teppichböden mit textilem Rücken aus Jute oder Synthetikfasern wie Polypropylen und Polyester sollten gespannt oder geklebt werden.

Nadelvlies, häufig auch Nadelfilz genannt, besteht meist aus mehreren Schichten. Als Nutzschicht werden vorwiegend Synthetikfasern – teilweise unter Zusatz von Tierhaaren – auf der Trägerschicht eingenadelt und verklebt.

Pflanzenfaser-Teppiche zum Beispiel, meist aus Sisal oder Kokos, werden manuell oder maschinell gewebt. Es gibt sie unbeschichtet, mit Schaum- oder textilem Rücken.

Orientierungshilfen

Wertvolle Orientierungshilfen beim Kauf eines Teppichbodens bieten Ihnen das „Teppich-Siegel" der Europäischen Teppichgemeinschaft und das „RAL-TESTAT" des Deutschen Instituts für Gütesicherung und Kennzeichnung. Sie enthalten Hinweise auf das Material, den Strapazierwert (extrem, stark, normal, gering) sowie den Komfortwert (einfach, gut, hoch, luxuriös) eines Teppichbodens.

Durch Symbole wird außerdem gekennzeichnet, ob der Teppichboden für Treppen, Stuhlrollen, Feuchträume oder Fußbodenheizung geeignet ist und eine antistatische Ausrüstung hat, was Ihnen bei trockener Raumluft unangenehme „Stromschläge" erspart.

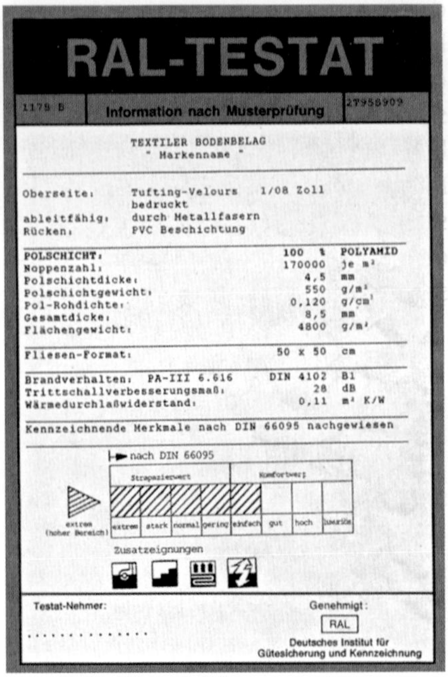

RAL-TESTAT

1179 B | Information nach Musterprüfung | 27958909

TEXTILER BODENBELAG
" Markenname "

Oberseite:	Tufting-Velours bedruckt	1/08	Zoll
ableitfähig:	durch Metallfasern		
Rücken:	PVC Beschichtung		
POLSCHICHT:		100 %	POLYAMID
Noppenzahl:		170000	je m²
Polschichtdicke:		4,5	mm
Polschichtgewicht:		550	g/m²
Pol-Rohdichte:		0,120	g/cm³
Gesamtdicke:		8,5	mm
Flächengewicht:		4800	g/m²
Fliesen-Format:		50 x 50	cm
Brandverhalten:	PA-III 6.616	DIN 4102	B1
Trittschallverbesserungsmaß:		28	dB
Wärmedurchlaßwiderstand:		0,11	m² K/W

Kennzeichnende Merkmale nach DIN 66095 nachgewiesen

nach DIN 66095

Strapazierwert				Komfortwert			
extrem	stark	normal	gering	einfach	gut	hoch	luxuriös

extrem (hoher Bereich)

Zusatzeignungen

Testat-Nehmer: ....

Genehmigt: RAL
Deutsches Institut für Gütesicherung und Kennzeichnung

Antistatik

Fußboden-Heizung

Feuchtraum

Stuhlrolle

Treppe

Lieber zweimal messen

Vor dem Teppichbodenkauf kommt das Messen. Und dafür sollten Sie sich Zeit nehmen, wenn Sie später nicht stückeln möchten. Am besten machen Sie eine Skizze des Raumes, in die Sie nicht nur die Maße des Bodens, sondern auch alle Fenster, Türen, Nischen und Mauervorsprünge einzeichnen. Geben Sie vorsichtshalber in Länge und Breite jeweils etwa zehn Zentimeter hinzu.

Berücksichtigen Sie beim Ausmessen die Florrichtung, die keineswegs nur bei Velours, sondern auch bei Schlingenware eine Rolle spielt. Das ist besonders wichtig, wenn die Breite einer Bahn nicht reicht und Sie ansetzen müssen. Die Florrichtung muss grundsätzlich bei allen Bahnen gleich sein, da sich sonst optische Farbunterschiede ergeben.

In Florrichtung wirkt die Farbe heller, in Gegenrichtung dunkler und intensiver. Viele Teppichböden sind auch auf der Rückseite mit einem Pfeil gekennzeichnet.

Eine grundsätzliche Regel, in welche Richtung der Flor verlaufen soll, gibt es nicht. Im Allgemeinen wird der Teppichboden mit Florrichtung vom Fenster in den Raum hinein verlegt.

Bouclé- und Velours-Teppichböden gibt es meistens in Bahnen von vier und fünf Meter Breite, während Sie bei Nadelvlies die Wahl zwischen zwei und vier Meter breiten Bahnen haben. Alle drei Belagsarten sind auch als Teppichfliesen erhältlich, meist in der Größe 50 × 50 cm. Bei den Fliesen unterscheidet man zwischen selbstliegend (SL) und selbstklebend (SK).

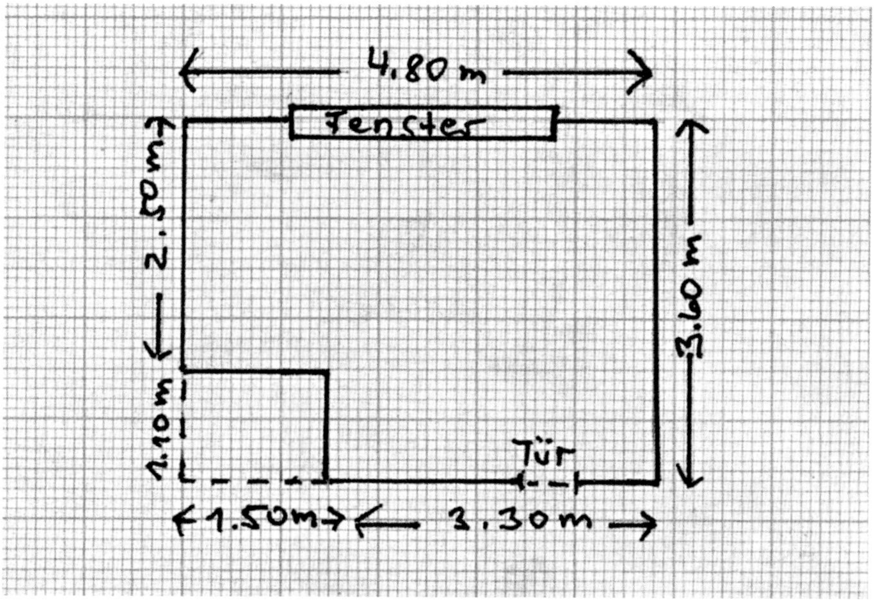

Hier eine Skizze als Beispiel: Danach brauchen Sie 3,70 m Teppichboden in eine Breite von 5,00 m

Verlegearten

Teppichböden können auf vier verschiedene Arten verlegt werden. Allerdings eignet sich nicht jede Methode für jeden Raum und Bodenbelag. Auch der Untergrund und die Beanspruchung spielen eine Rolle. Und nicht zuletzt ist entscheidend, ob Sie Mieter oder Eigentümer sind.

Die lose Verlegung
ist nur möglich in wenig beanspruchten und kleineren Räumen (maximal 20 m^2). Außerdem sollte der Teppichboden möglichst schwer sein. Unproblematisch ist die lose Verlegung von selbstliegenden Teppichfliesen. Sie haften durch ihr eigenes Gewicht.

Die Verlegung mit Klebeband
ist die von Heimwerkern bevorzugte Methode. Sie ist bei vielen schaumbeschichteten Teppichböden möglich (vorsichtshalber den Verkäufer fragen). Da der Teppichboden nur an den Rändern mit doppelseitigem Klebeband befestigt wird, lässt er sich beim Auszug relativ einfach entfernen. Der Nachteil: Es können sich Beulen und Wellen bilden.

Teppich-Fixierung,
die mit der Rolle auf den Untergrund aufgetragen wird, sorgt für eine ganzflächige Haftung und problemlose spätere Entfernung des Teppichbodens. Sie ist allerdings nur für Teppichböden

TIPP

Und so können Sie die Florrichtung überprüfen: Wenn Sie mit der Hand in Florrichtung streichen, fühlt sich die Fläche glatt an. Oder Sie machen die Hammerprobe: Einen Hammer auf den Stoß zweier Bahnen stellen und den Stiel nach rechts und links fallen lassen. Das Stielende bewegt sich in Florrichtung.

mit Beschichtung aus Glattschaum und glatte Untergründe geeignet. Teppich-Fixierungen gibt es gebrauchsfertig und als Pulver, das mit Wasser angerührt wird.

Das Verlegen auf Haftgitter
oder Haftvlies bietet die gleichen Vorteile, ist jedoch eine relativ teure Alternative. Das beidseitig klebende Haftgitter bzw. -vlies, das sich problemlos wieder entfernen lässt, wird mit der Trennfolie nach oben auf dem Untergrund ausgerollt und zugeschnitten. Anschließend wird der Teppichboden ausgelegt. Mit dieser Methode kann notfalls auch ein neuer Teppichboden auf vorhandenem Nadelvlies oder Teppichboden mit kurzem Flor verlegt werden. Nicht empfehlenswert ist sie bei sehr dünnen Teppichböden, da sich die Konturen des Haftgitters möglicherweise abzeichnen.

Die ganzflächige Verklebung
ist die festeste und dauerhafteste Verbindung zwischen Untergrund und Teppichboden. Will man den Teppichboden jedoch eines Tages entfernen, sind Beschädigungen des Untergrunds kaum vermeidbar. Bei Fußbodenheizung sollte der Teppichboden grundsätzlich vollflächig verklebt werden. Verwenden Sie mit Rücksicht auf die Umwelt und Ihre Gesundheit nur lösungsmittelfreie bzw. -arme Dispersionskleber. Der Kleber (Angaben des Herstellers beachten) wird mit dem Zahnspachtel aufgetragen.

Das Verspannen
ist die aufwendigste Methode, die man wegen der komplizierten Technik und des notwendigen Spezialwerkzeugs dem Fachmann überlassen muss. Dabei wird der Teppichboden auf einer Unterlage aus Filz oder Schaumstoff verlegt und mit Nagelleisten an der Wand befestigt. Für die Verspannung nicht geeignet sind Teppichböden mit dickem Schaumrücken und Räume mit Fußbodenheizung.

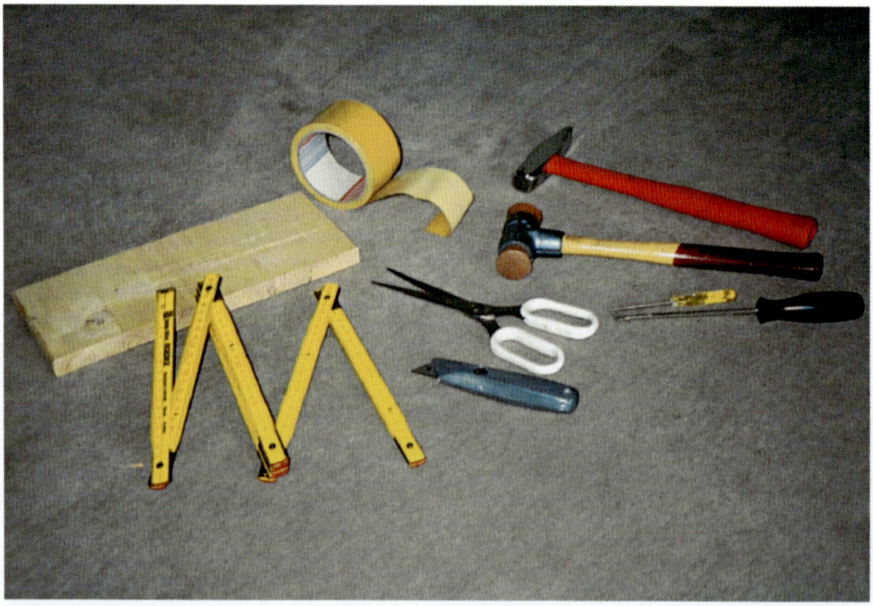

Werkzeug

Viel Werkzeug brauchen Sie nicht, um Teppichboden zu verlegen. Am wichtigsten ist das Teppichschneidemesser mit einem ausreichenden Vorrat an scharfen Haken- und Trapezklingen. Dazu Zollstock, Schere, Hammer, Stahllineal, eventuell ein Nahtschneider sowie je nach Verlegeart doppelseitiges Klebeband, Fixierung und Rolle bzw. Kleber und Zahnspachtel.

Technik, Tipps und Tricks

Teppichboden können Sie auf fast jedem Untergrund verlegen – vorausgesetzt er ist eben, fest, trocken, fettfrei und sauber. Unebenheiten müssen mit Spachtelmasse geglättet werden. Alte Dielenböden schleifen oder einen Unterboden aus Spanplatten legen. Eine Trennschicht aus Packpapier verhindert, dass lose oder mit Klebeband verlegter Teppichboden Spuren auf gut erhaltenen Holzdielen oder Parkett hinterlässt. Zunächst die Viertelstäbe entfernen und möglichst auch die Sockelleisten (1).

Bevor Sie den Teppichboden verlegen, sollte er Zeit haben, sich zu akklimatisieren: Ausrollen und einige Stunden lose liegen lassen.

Anschließend nochmals die Florrichtung überprüfen und den Teppichboden dann so einpassen, dass jeweils ein etwa 5 cm breiter Rand übersteht (2). Nischen direkt berücksichtigen (ein senkrechter Einschnitt erleichtert die Verlegung), wenn Sie nicht später Streifen ansetzen wollen. „Lieber zweimal messen als einmal falsch schneiden", heißt eine alte Handwerkerregel. Wenn Sie ganz sicher sind, dass der Teppichboden genau angepasst ist, rollen Sie ihn wieder zur Hälfte lose auf. Auf der freien Fläche Klebeband faltenfrei an der Wand entlang kleben bzw. die Fixierung oder den Kleber auftragen (siehe Verlegearten). Wenn Bahnen oder Streifen angesetzt werden müssen, den Nahtbereich etwa 10 cm aussparen.

Nun den Teppichboden wieder ausrollen und von der Mitte zur Wand mit einem Stück Holz oder einer leeren Flasche glatt streichen (3). Bei Verwendung von doppelseitigem Klebeband die Schutzschicht abziehen und den Teppichboden an den Rändern fest andrücken. Die andere Hälfte des Teppichbodens ebenso verlegen.

Bevor Sie den überstehenden Rand abschneiden, die Schnittkante markieren, indem Sie den Teppichboden mit einem Hammer oder Holzbrett an der Wand fest in die Ecke drücken (4).

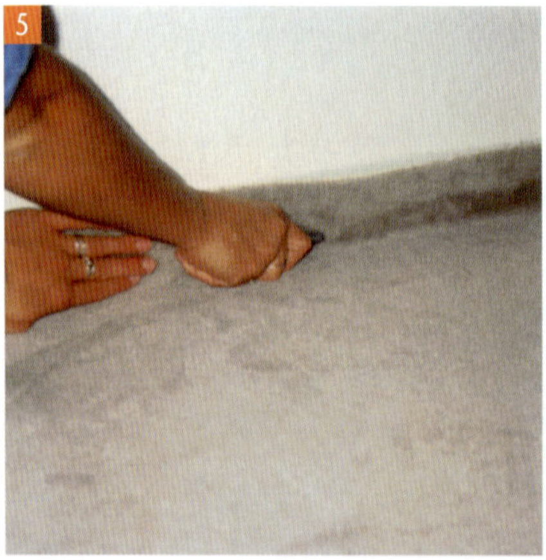

Beim Schneiden die Klinge des Messers exakt an der Fuge zwischen Boden und der Wand bzw. Sockelleiste entlangführen (5).

Anschließend nochmals zum Beispiel mit einem Schraubenzieher an der Teppichkante entlangfahren, damit sie in der Fuge verschwindet (6).

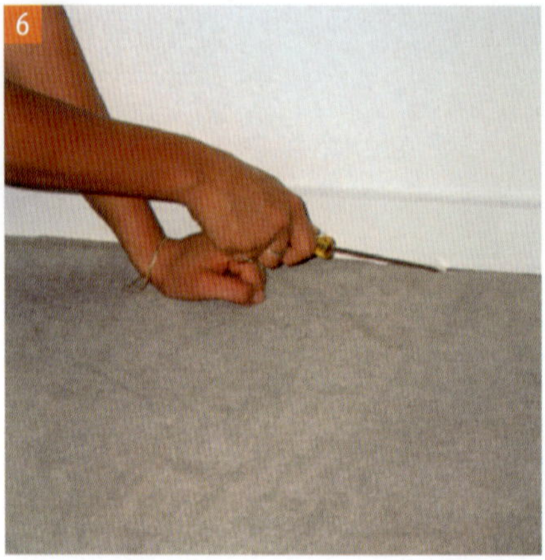

Wenn Sie zum Beispiel in einer Nische ein Stück Teppichboden ansetzen, erhalten Sie mit der Doppelschnittmethode eine fast unsichtbare Naht: Die Bahnen drei bis vier Zentimeter übereinanderlegen und dann genau in der Mitte der Überlappung an einem nicht zu dicken Stahllineal entlang beide Böden gleichzeitig durchschneiden (7). Die Nahtstellen mit Teppichklebeband unterlegen bzw. sauber verkleben. Wichtig ist, dass die Florrichtung beider Bahnen übereinstimmt.

Wenn Sie sichergehen wollen, dass der Teppichboden an Rändern und Schnittstellen hundertprozentig haftet, mit einem Holzstück und Hammer nochmals festklopfen (8).

Abschlüsse und Übergänge

Wenn Ihr Teppichboden verlegt ist, sorgen Sockelleisten für einen sauberen Abschluss an der Wand und Schienen für Übergänge ohne Stolperfallen. Sie haben die Wahl zwischen verschiedenen Materialien und Farben.

Ein dekorativer Wandabschluss sind Sockelleisten mit eingelegtem Teppichbodenstreifen: Die Streifen in entsprechender Breite zuschneiden (1), die Leisten annageln, andübeln oder ankleben, das Schutzpapier des in der Leiste befindlichen Klebestreifens abziehen (2) und die zugeschnittenen Teppichbodenstreifen dann nur noch in der Leiste andrücken. So haben Sie einen perfekten Abschluss (3).

Eine andere Alternative sind gekettelte Teppichbodenstreifen, die Sie zum Beispiel mit dem Tacker an der Wand befestigen können (4).

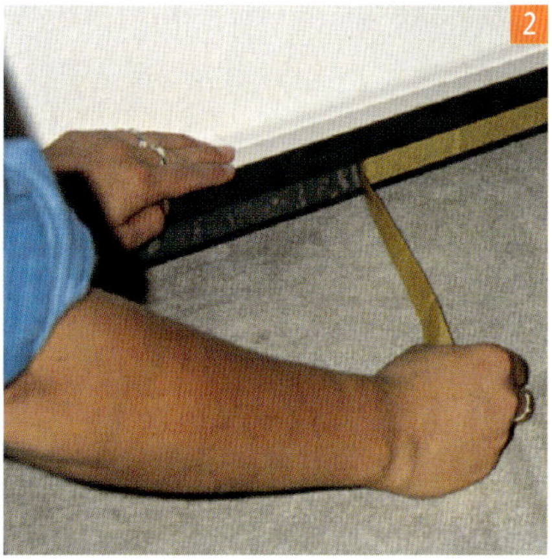

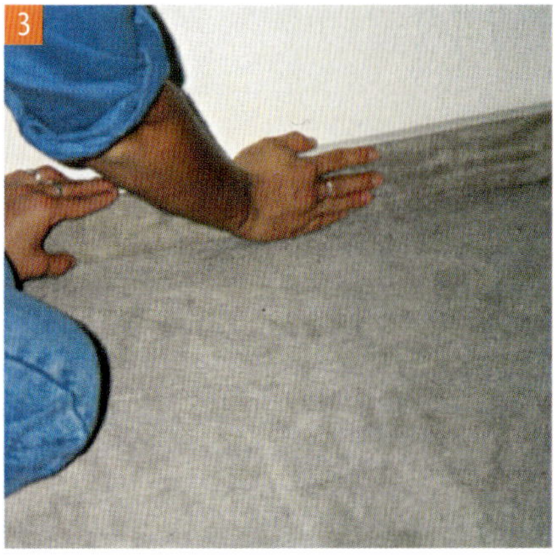

Wirkungsvolle Kontraste können Sie mit farbigen Abschlussleisten aus Holz erzielen. Oder Sie verwenden unlackierte Holzleisten, die Sie ganz nach persönlichem Geschmack streichen (5).

Die preiswerteste Lösung sind selbstklebende Sockelleisten aus Kunststoff, die es in verschiedenen Farben von der Rolle als Meterware gibt (6).

Metallschienen, die mit Dübeln im Boden befestigt werden, sorgen für einen sicheren Übergang, wenn verschiedene Bodenbeläge zum Beispiel an Türen oder Durchgängen aneinanderstoßen (7).

Im Bau- und Heimwerkermarkt finden Sie Abschluss- und Übergangsleisten aus Metall und Kunststoff in verschiedenen Farben. Sie werden geklebt oder mit Dübel und Schrauben befestigt (8).

REINIGUNG UND PFLEGE

Regelmäßiges Staubsaugen verhindert, dass sich Schmutz im Flor festsetzt. Bei Velours und kurz- bis mittelfloriger Schlingenware sollten Sie den Bürst-Vorsatz verwenden, während für sehr langflorige Teppichböden und grobe Schlingenware aus Wolle die glatte Düse günstiger ist. Wichtig ist, dass Sie die Filter des Staubsaugers regelmäßig austauschen.

Flecken und Flüssigkeiten möglichst immer sofort mit einem saugfähigen Tuch oder Haushaltspapier gründlich von außen nach innen abtupfen. Sofortiges Aufstreuen von Salz verhindert Farb- und Faserveränderungen. Bevor Sie zu Teppichschaumreiniger und Fleckentferner greifen, sollten Sie es erst einmal mit lauwarmem Wasser versuchen. Anschließend direkt vorsichtig mit einem weichen Tuch abtupfen.

Starkes Reiben kann hässliche Spuren hinterlassen und speziell bei Teppichböden aus Wolle zur Verfilzung führen. Fleckentferner nie direkt auf den Teppichboden, sondern mit einem Tuch auftragen. Fettflecken und farbloses Wachs vorher mit Löschpapier ausbügeln. Farbiges Wachs nur abkratzen!

Bei der gründlichen Reinigung haben Sie die Wahl zwischen Teppichreinigungsschaum und der Trockenreinigung mit Pulver. Beim Shampoonieren besteht die Gefahr, dass der Teppich zu nass wird und einläuft. Bei der Trockenreinigung (nicht geeignet für Nadelvlies und sehr grobflorige Teppichböden) wiederum können klebende Rückstände im Gewebe zurückbleiben. Um das zu vermeiden, den Teppichboden vor und nach der Reinigung gründlich saugen!

Andere Bodenbeläge

Bodenbeläge aus Kunststoff, Linoleum, Gummi und Kork haben den Vorteil, dass Sie Feuchtigkeit und Schmutz einfach wegfegen und -wischen können.

Die meisten Kunststoffbeläge bestehen aus Polyvinylchlorid (PVC). Obwohl sie seit rund zwanzig Jahren ohne Asbest hergestellt werden, stehen sie nach wie vor im Kreuzfeuer der Kritik. Als problematisch gelten die zugesetzten Weichmacher und die Entsorgung. Das Gleiche gilt für Bodenbeläge mit PVC-Beschichtung.

Die Spitzenreiterrolle verdanken die PVC-Böden ihrer Vielfalt an Farben und Mustern sowie ihren guten Eigenschaften: Sie sind leicht zu verlegen und zu pflegen, sehr strapazierfähig und elastisch, licht- und farbbeständig. Die gleichen Vorteile haben Bodenbeläge aus Gummi vorzuweisen, die aus synthetischem Kautschuk hergestellt werden. Beide Bodenbeläge gibt es als Bahnenware und als Fliesen.

Als Alternative gewinnen Bodenbeläge aus Linoleum wieder an Bedeutung. Linoleum wird aus Leinöl, Harzen, Kork- und Holzmehl sowie Farbpigmenten hergestellt. Die Trägerschicht besteht aus Jute oder Kork. Dieser Bodenbelag ist ebenfalls sehr strapazierfähig, elastisch und außerdem wärme- und schalldämmend. Linoleum gibt es nur als Bahnenware in einer Breite von zwei Metern. Nie direkt verlegen, sondern zunächst einige Tage lose im Raum ausrollen.

Besonders fußwarm sind Bodenbeläge aus dem Naturprodukt Kork, das aus den Borken der Korkeiche gewonnen wird. Kork wird in Form von Platten angeboten, die es in verschiedenen Stärken und Größen gibt. Wichtig ist, dass das Material vor der Verlegung mindestens einen Tag in dem Raum ausgebreitet wird, damit es sich akklimatisie-

ren kann. Unbehandelte Korkböden nach der Verlegung imprägnieren und wachsen bzw. versiegeln.

Während Bodenbeläge aus Gummi, Linoleum und Kork grundsätzlich ganzflächig verklebt werden müssen, können Kunststoffböden zum Teil auch lose bzw. mit doppelseitigem Klebeband verlegt werden. Entscheidend ist, ob es sich um ein- oder mehrschichtige Beläge handelt und sie eine Trägerschicht haben.

Je dünner das Material, desto glatter muss der Untergrund sein, da sich jede Unebenheit abzeichnet. Der ideale Untergrund sind glatter Estrich oder aber Spanplatten. Verwenden Sie zum Verlegen nur lösemittelfreien bzw. -armen Kleber. Er muss für den Untergrund und den Bodenbelag geeignet sein. Bei Verlegung in Feuchträumen wie dem Bad muss der Kleber außerdem wasserfest sein.

Beim Verlegen gehen Sie vor, wie unter „Technik, Tipps und Tricks" beschrieben. Der einzige Unterschied besteht darin, dass Kunststoffböden im Gegensatz zu textilen Bodenbelägen in Richtung Fenster verlegt werden. So fallen Nähte, die sich durch die Verlegung mehrerer Bahnen ergeben, weniger auf.

Beläge im Fliesenformat

Fliesen haben den Vorteil, dass sie sich einfacher transportieren und verlegen lassen als große, schwere Rollen. Außerdem ist der Verschnitt geringer und die „Reparatur" beschädigter Stellen durch Auswechseln einzelner Fliesen problemlos.

Bodenfliesen gibt es in verschiedenen Größen. Im Allgemeinen haben sie ein Format von 40 × 40 oder 50 × 50 cm. Auf den Paketen ist angegeben, für wie viel Quadratmeter der Inhalt reicht. Kaufen Sie lieber einige Fliesen mehr, damit Sie eine Reserve haben für Verschnitt und späteren Austausch beschädigter Fliesen. Falls Sie das Bad auslegen möchten, sollten Sie unbedingt auf das Feuchtraum-Symbol achten.

Der Untergrund muss so einwandfrei und eben sein wie bei Bahnenware. Ob Sie sich für Teppich-, Kunststoff-, Linoleum- oder Korkfliesen entscheiden – die Verlegetechnik ist immer gleich. Am schnellsten sind selbstliegende und selbstklebende Fliesen zu verlegen, die außerdem den Vorzug haben, dass man sie bei Auszug einfach mitnehmen kann. Damit die Fliesen ein einwandfreies Gesamtbild ergeben, sollten Sie beim Verlegen unbedingt die Pfeile auf der Rückseite beachten.

Beginnen Sie mit dem Verlegen der Fliesen nie an einer Wand. Sie könnte schief sein. Also besser eine Hilfslinie mit Abstand zur Wand auf den Boden zeichnen oder eine Schnur spannen. Den Kleber immer nur auf einer kleinen Fläche auftragen und ihn dann mit dem Zahnspachtel zu einer dünnen, gleichmäßigen Schicht ausstreichen (1).

Die erste Reihe an der Markierungslinie entlang von der Mitte aus in Richtung Wand verlegen: Fliesen ins Kleberbett drücken und so ausrichten, dass die Fugen ringsum absolut dicht sind. An die erste Reihe anschließend die weiteren Fliesen nach der gleichen Methode verlegen (2). Mit dem Betreten warten, bis der Kleber ganz trocken ist, damit die Platten nicht verrutschen können.

Bei allen Bodenbelägen, die feucht gereinigt werden, ist ein fugendichter Abschluss wichtig – an den Wänden, bei Verlegung von mehreren Bahnen auch an den Nähten und vor allem bei Fliesen

Fleck im Teppichboden

Fettflecken, Schokolade oder Rotwein auf dem schönen Teppichboden sind zwar ärgerlich, aber solcher Schmutz lässt sich mit den verschiedenen Teppichreinigern immer noch wieder beseitigen. Auch bei Kugelschreiber oder Tinte, Lackflecken oder gar Brandflecken müssen Sie Ihren Teppichboden nicht gleich ganz austauschen, wenn Sie irgendwo noch einen kleinen Teppichrest haben. Den brauchen Sie nämlich, um den beschädigten Teil des Teppichbodens ganz einfach auszutauschen.

Diese Reparaturtechnik ist ganz einfach: Der beschädigte Teil des Teppichs wird kurzerhand ausgeschnitten und gegen ein genau passendes Stück ausgetauscht. Das geht mit der Hilfe eines Spezialgerätes, aber auch mit einem einfachen Locheisen.

Der Fleck ist da, und so, dass man ihn nicht übersehen kann (1). Wasserfeste Tinte oder Brandflecken einer heruntergefallenen Zigarette lassen sich nur so entfernen: Mit einem Locheisen wird der beschädigte Bereich des Teppichbodens einfach ausgestanzt (2). Ebenso müssen Sie nun auch den Flicken aus einem Rest des gleichen Teppichs ausschneiden.

Den kleinen Flicken streichen Sie von der Rückseite mit Kleber ein und setzen ihn dann so in das ausgestanzte Loch, dass die Laufrichtung des Teppichflors genau mit der Umgebung übereinstimmt. Bei gemusterten Teppichböden stanzen Sie natürlich ein farblich genau passendes Stück aus (3).

Mit einer härteren Bürste bearbeiten Sie die Flickstelle, nachdem der Kleber den Flicken sicher festhält. Dadurch verschwindet die Nahtstelle ganz und gar (4).

Die Reparaturstelle sieht aus wie der Teppichboden sonst auch – höchstens eine hauchfeine Naht ist noch zu sehen, wenn man ganz dicht herangeht (5).

Größere Schäden im Teppichboden behebt man mit einem verstellbaren Kreisschneider. Um einen Mitteldorn wird die Klinge durch den Teppich geführt, ein kreisrundes Teil ausgeschnitten. Den Ersatzflicken schneiden Sie mit der gleichen Einstellung aus einem Ersatzstück aus, im Muster genau angepasst (6).

Bild- und Herstellernachweis

Alpina Farben Vertriebs-GmbH, Ober-Ramstadt
ANKER-Teppichfabrik, Gebrüder Schoeller GmbH+Co. KG, Düren
AEG, Winnenden
A. S. Creation Tapeten, Gummersbach
Beiersdorf AG, Hamburg
Robert Bosch GmbH, Stuttgart
Breuer, A.
Cortex-Korkprodukte, Nürnberg
Deutsches Tapeten-Institut GmbH
W. Döllken & Co., DIY-Division, Gladbeck
Erfurt & Sohn, Wuppertal
Europäisches Teppichinstitut e. V.
Glasurit GmbH, Münster
Henkel KGaA, Düsseldorf
Hornitex-Werke, Gebr. Könnemeyer GmbH & Co. KG, Horn-Bad Meinberg
ICI Lacke Farben GmbH, Hilden
C. A. Jürgen Lennartz GmbH+Co. KG, Remscheid
Molto GmbH
Pochert, Thomas
RAL Deutsches Institut für Gütesicherung und Kennzeichnung e. V.
Gebrüder Rasch, Bramsche
Sandvik Beizer, Wuppertal
Gebr. Schabert GmbH, Dinkelsbühl
Selbst ist der Mann, Köln
Studio 2000
Tarkett Pegulan AG, Frankenthal
Workshop, Bergisch Gladbach
wolfcraft GmbH, Weibern

Autor: A. Breuer
Gesamtherstellung: Naumann & Göbel Verlagsgesellschaft mbH, Köln

ISBN 978-3-625-11921-0

www.naumann-goebel.de